零极限

零极限是趋向于零的极限

李玉保　邢志新◎著

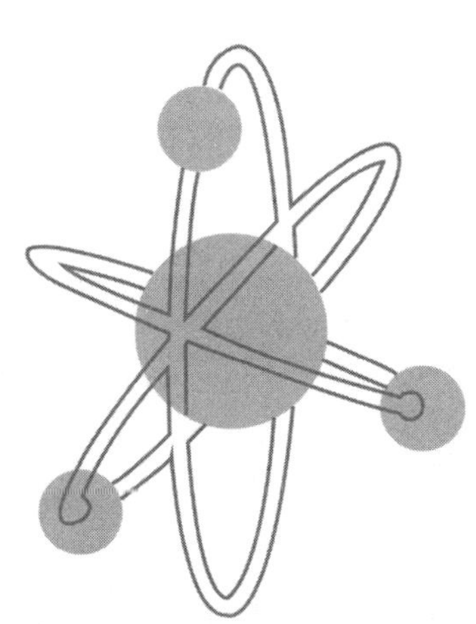

图书在版编目（CIP）数据

零极限 / 李玉保，邢志新著 -- 北京：中国书籍出版社，2021.7

ISBN 978-7-5068-8511-9

Ⅰ．①零… Ⅱ．①李… ②邢… Ⅲ．①哲学—基本知识 Ⅳ．① B2

中国版本图书馆 CIP 数据核字（2021）第 123567 号

零极限

李玉保，邢志新 著

责任编辑 王 淼 马丽雅
责任印制 孙马飞 马 芝
封面设计 天下书装
出版发行 中国书籍出版社
地 址 北京市丰台区三路居路 97 号（邮编：100073）
电 话 （010）52257143（总编室） （010）52257140（发行部）
电子邮箱 eo@chinabp.com.cn
经 销 全国新华书店
印 刷 三河市万龙印装有限公司
开 本 710 毫米 ×1000 毫米 1/16
字 数 150 千字
印 张 11
版 次 2021 年 7 月第 1 版 2021 年 7 月第 1 次印刷
书 号 ISBN 978-7-5068-8511-9
定 价 58.00 元

前言　高感知力

笔者认为，这个世界属于具有高感知力的人——他们有同理心，能观察趋势，擅于为事物赋予意义并具有创造力。

中国用四十年的时间追上了西方两百年的经济发展，追赶的路上穿越了两部大片：19 世纪的“动作片”，即工业化，主角是工厂工人；20 世纪的“谍战片”，即信息化，主角是知识工作者，特征为擅长左向思考。如今的西方开始上映“文艺片”，主角是创作者、策划人与设计师，特征是精通右向思考。

以乔布斯为代表的“文艺片”主角们，他们的标签是：不只做功能，还重设计；不只有论点，还说故事；不只谈专业，还须整合；不只讲逻辑，还给关怀；不只能正经，还会玩乐；不只顾赚钱，还重意义。核心能力在于两类高感知力：高感性（High Concept）与高体会（High Touch）。高感性指的是观察趋势和机会，以创造优美或感动人心的作品，编织引人入胜的故事，以及结合看似不相干的概念，转化为新事物的能力。高体会则是体察他人情感，熟悉人与人微妙互动，懂得为自己与他人寻找喜乐，以及在繁琐俗务间发掘意义与目的的能力。

之所以这个时代会属于高感知的人，是因为比拼肌肉、扩张性的工业经济，即将过去；比拼智慧、包容性的数字经济，已经到来。数字经济不是数字技术经济，其区别于工业经济的最本质特征是让人们超越物理空间并行工作，从而使得空间与时间等价。超越时空的世界里，精通右向思考的人自然如鱼得水。当一项新技术出现的时候，左向思考的人想的是赶快占个座；右向思考的人想的却是技术背后和个人相关的意义，以及如何将意义讲成故事，从而让差异化的人们能够发挥各自优势参与进来。而关于差异，左向思考和右向思考的人之间也有差异。前者关注大脑中的差异，为追求效率化和均一化，会想尽办法占领大脑消除差异；后者关注人心中的差异，会用心包容差异，将差异作为价值创造和增长的源泉。这样的变化，将我们从一个讲求逻辑与计算效能的时代带入到一个重视理念、连接与融合的时代——一个以人类命运共同体为价值观的时代。

所谓高感知力，其实是新瓶装老酒，因为我们的李白、杜甫、白居易和苏东坡们，早已将这种能力施展得淋漓尽致。将诗人们的作品和西方文学做个比较，你会发现，西方文学就像工业化时代的产品，以其通俗性投大众所好；而好的诗却如苹果手机和小众品牌，贵在自抒己情，以待知者知。

关键的问题在于，要能够在现代语境下讲清楚诗人们的能力以及他们接受训练时所用的方法和规则。这需要将一个博物馆的陈列品在时间中重建，再投射到鲜活的生命世界之中，使它们具有现在性和未来性。本书所做的正是这样一种尝试：用现在解释过去，用过去诠释现在；用西方解释东方，用东方诠释西方。

如果你是关心自己下一代未来的父母，或是关注自身成长的职场人士，或是想把握时代脉搏的创业家与企业领导人，抑或是兼具敏锐情感和灵活创意，却在工业化和信息化时代发展空间受限的那群人，你会发现，本书是因你涌现而来。

让我们一起走过从前，拥抱高感知时代。

目　录

同享宇宙法则：价值涌现而来

创造性本自具足

生命能被留下来的原因只有一个：通过预测信息，在不断变化的环境中维持自身的状态。其中应激反应就能达成这一目的，并不需要大脑来体验世界。比如草履虫（单细胞生物）细胞膜上的每个蛋白质，在一般状态时，会消耗能量（ATP），通过控制钠钾离子的进出让细胞膜内外保持 -40mV 浓度差。当触碰到障碍物时，细胞膜的形变会让这些蛋白质开门，允许特定离子通过，这些整体行动的离子就形成能让草履虫向反方向游动的电信号，避开危险。

从数学的角度看，外界的物理挤压相当于输入，蛋白质对应的开关门操作相当于输出，决定什么样的输入该对应哪一种输出的蛋白质相当于函数。虽然单个蛋白质仅有开关门的功能，但它实际上把无数种情况压缩进了一个函数，如果用计算机来记忆每一种物理挤压对应的开关门情况，就相当于让计算机去记忆 π 小数点后的每个数字。所以，可以让草履虫躲避危险的应激反应并不是“算”出来的，而是这些蛋白质并行工作后“涌现”出的结果。

草履虫仅靠用涌现出的应激反应就能存活，不过草履虫怎么知道该生成什么样的蛋白质才能产生可躲避危险的应激反应呢？它需要靠演化来学习应激模型，通过大量克隆带有不同DNA的自己来生成不同的蛋白质，增加备选模型，由自然选择筛选掉那些不能躲避危险的模型，在筛选后的模型的基础上再不断重复上述过程。只要种群基因库的更新速度快过环境的变化速度，整个种群就能相对稳定地形成可躲避危险的模型，也就是为什么生物要一代一代地繁衍，又并非完美复制自己，虽然生物想要一直延续下去，但又只能通过构建模型来预测危险，而繁衍和变异就是构建模型的过程。

实际上，涌现在大自然中无处不在。例如，一只蚂蚁，它没什么脑子，没有欲望，没有计划，但如果是很多蚂蚁聚集在一起，它们就变得相当聪明了。一个蚁群可以组成一个像蚁穴这样的复杂结构，它们分工协作，一部分负责真菌农场，一部分会照料“牲畜”，还有的会发动战争。为何什么都不懂没有脑子的笨蚂蚁聚集在一起后却能做出如此聪明且分工明确的事呢？就是因为涌现。

涌现现象是宇宙中最迷人、最奇妙的特性之一。漂浮的细菌，行进的蝗虫、鱼群和鸟群，其内聚性都源于遵循相同规则的个体聚在一起时而出现的涌现。而最近的一项研究发现，寒鸦会在两套群集行为间切换：不论数量多少，飞往冬季栖息地的鸟群始终都能保持井然有序；但寒鸦却不同，群体成员很少时它们会处于无组织状态，一旦出现捕食者，寒鸦会聚拢，等到加入的成员达到一定规模，队伍会突然变得有序。为了改变那些混乱聚集在一起的寒鸦群，研究人员在寒鸦群的前方设置了一个机关。这个机关包含一只狐狸标本和一只能动的假鸟，被狐狸捉住的假鸟正拍着翅膀发出警报。通常鸟儿会使用这类警报召集盟友，共同对抗捕食者。此时，寒鸦会更换导航方式，追踪处于一定距离以内的伙伴。有了这种规则，混乱中就出现了秩序。小型寒鸦群依然是无组织的，当寒鸦群的密度达到一定阈值，就突然出现了秩序，像气体变成了液体一样。研究人员猜测，鸟群中主动施加影响的成员可能引导了这些调整。

如果一个系统的某项特性，它不属于系统本身细致入微的"基础"描述，但当我们从大局出发观察这个系统时，会发现它很有用甚至无法避免，它就是"涌现"而来的——大量物质在特定规则下的相互作用，会发生远超自身属性的新特性，这个新特性再作用于其他新事物，以此类推，从而使得小个体组成的整体，整体属性却不同于个体累加之和。家就是最好的例子。爸爸妈妈和孩子组成的家，整体属性绝不是三个人累加之和，因为其中有爱的涌现。

事实上，人类的所有行为就是从组成人类个体的原子和力之间的复杂相互作用之中"强涌现"而来的。比如说语言的学习，如果一个五岁小孩迁居到另一个国家，让他每天与新的小伙伴们一起自由地玩耍，完全不进行任何语言教学，他在几个月内就会掌握一种新的语言，而且还会习得当地的口音。因为他是用一种对自己有意义的方式学习的，所以学习速度极快——这种基于强涌现的学习方式，被称作"意义学习"。倘若请一个教师去教他，在教学中使用对教师有意义的材料，那么小孩的学习速度将会极其缓慢，甚至停滞不前。

强涌现是加强版的涌现。强涌现的概念表面上令人费解。它一开始承认某个宏观物体是由更小的部分组合成的。例如原子组合成分子，分子组成蛋白质，蛋白质构成细胞，细胞构成器官，器官构成人，人构成社群。你可以把这想象成每层相互堆叠，每层都会变成更复杂的结构。然后，强涌现概念同样接受微观理论量子层面粒子间互相作用的规则，微观理论会告诉你原子在任何特定的场景下会有什么行为。但之后强涌现概念却宣称，由原子组成的宏观系统会对微观系统中的粒子产生某种影响。也就是说，由部分组成的整体会遵循微观尺度的规则对组成的部分产生影响，即宏观和微观、无穷大和无限小之间在特定情况下会发生交流。

想想你心脏里的起搏细胞，数亿个起搏细胞需要同时发出一个脉冲，才能创造一个心跳。每个细胞与它临近的细胞交换信息，来看它们是干吗的之后再决定做什么。如果它在一群做同一个任务的细胞中那它也会开始按“规则”做这件事，与其他细胞同步。并没有什么主脑对其下令，只是单纯的个体与临近个体交换信息，并对收到的信息作出反应（应激反应）。而当你被爱情电流击中心跳加快，那便是强涌现的结果。

如果将人看做细胞，由人组成的社群和社会，就像是人一样的智能体，这个智能体的行为方式和思维模式，是作为“细胞”的我们所无法预测的，我们只能与临近的个体交换信息，并按照规则行事。这些规则的确立与恪守既有益于每一位理性行为者的根本意愿，也有利于整个社会生活的正常运转。与此同时，在一个社会里，依照规则的要求去行动，也是一件再正常不过的事情。而如果智能体内的“细胞”被某个理想点燃鼓足了干劲，那也是强涌现使然。

人类花了几千年才发现，和草履虫一样，宇宙也是自行其是的，不受外部的指引：宇宙不需要被什么东西创造、引发和维持，它可以就这样存在，这叫动量守恒；宇宙运转的方式就是从一个瞬间迈向下一个瞬间，每一步仅仅依赖它当前的状态，它既不瞄准将来的目的，也不依赖过去的历史，这叫信息守恒。我们人类也是一样，和草履虫、和宇宙分享同一组自然法则，有着本自具足的创造性。

然而，作为人类，我们还分享同一个任务：关心自己和周围的人。为了关心自己和周围的人，我们还关心宇宙——宇宙不关心我们，但是我们关心宇宙。关心宇宙有两种途径：向外观测和向内观心——既然我们和宇宙分享同一组自然法则，那么搞清楚我们自己的行为规则的意义，就能反推出宇宙法则。两千多年前，中国的先哲们选择了向内观心。

在一个社会里，认知一些最基本的行为规则似乎并不是一件非常困难的事情，正如伏尔泰所言："为了发现一些自然规律，需要人们花费几百年的时间。而意识到人类的责任，对于智者而言，只要一天就够了。"中国的先哲通过向内观心得出来的规则是：一阴一阳之谓道，继之者善，成之者性也。意思是：应激反应是动，动生阳；应激模型是静，静生阴。应激模型（阴）牵引应激反应（阳），应激反应（阳）促成应激模型（阴），循环往复，继之者善，成之者性也。草履虫如此，人心亦如此。也就是说，我们的心不需要被什么东西创造、引发和维持，心运转的方式就是从一个瞬间迈向下一个瞬间，每一步仅仅依赖它当前的状态，既不瞄准将来的目的，也不依赖过去的历史，遵循动量守恒和信息守恒。

思维与存在

然而，在关心自己和周围的人的过程中，我们学会了用脑，却忘记了用心。没有用心经营，所以才会失去，本自具足的存在，就这样离我们而去。例如，为了关心自己和身边的人，我们要努力赚钱，但钱不是万能的，到头来，国民幸福指数排名世界第一的却是贫穷落后的不丹。再比如，没有教育是万万不能的，但让教师用对他有意义的教材教小孩，小孩自然而然学习语言的能力会被抑制。然而，我们绝不能因此否认创富和教育的意义和价值，而是要认识到用脑和用心的不同，并使之合一。

西方社会有一个广为人知的神话故事：众神创造了各种动物后，委托普罗米修斯和爱比米修斯给每种动物分配适当的性能。爱比米修斯具体负责，他让弱小的动物行动迅捷，使一些动物拥有尖齿利爪，给某种动物以力量却不给速度……普罗米修斯来检查工作时却发现，爱比米修斯遗忘了人类，人类没有获得任何赖以生存的性能。于是，普罗米修斯就从赫菲斯托斯和雅典娜那里盗取了创造工具的能力和火——火象征获得和使用这种能力的思维——送给人类。他因此惹怒了众神首领宙斯，被锁悬崖受尽苦难。这个神话寓意人因思维（脑）和存在（心）的分裂而陷入的苦境。除了神话故事，大量的宗教故事也都在讲这个苦境。而在莎士比亚的小说里，这个苦境有了一个新的称谓，叫“生存还是毁灭”。当然，还有哲学家。在黑格尔看来，思维和存在的对立，是“最高的分裂”，“一切哲学都对这个统一发生兴趣”，他的目标是要掌握思维与存在的和解。但黑格尔之前的康德，强调的却是思维与存在的异质性，他认为思维只能认识现象，即感觉经验范围内的对象，如果思维试图去认识超感觉经验的对象，就会陷入误谬推论。马克思综合了康德的异质性理论和黑格尔的同一性理论，形成了“以思维与存在的异质性为基础的思维与存在的同一性”的新观念。

对于大部分中国人而言，思维和存在、生存还是毁灭，从来就不是道选择题，因为我们的祖辈在“阴阳之道”下用心生活了几千年。有意思的是，西方哲学界一道无解的“电车难题”，还可以焕新这个古老的心法。

这是个思想实验，可简单描述如下：一辆有轨电车失去控制，前方轨道上有五人，如继续前进五人必死。千钧之际，你恰在岔道电闸处，扳动电闸，电车便转向只有一人的另一轨道，原来轨道上的五个人得救，另一轨道上的一人却会被撞死。你究竟要不要扳动电闸？坚持责任论的人认为应该扳动电闸；坚持后果论的人认为不应该扳动电闸。责任论者侧重于意义，后果论者侧重于价值。常识告诉我们，有价值的后果一定来自于有意义的责任，并且，预期的有价值的后果还会带动有意义的责任。为了救五个人而让一个无辜的人惨遭横祸，不仅不是有价值的后果，对这种非常态下的应激反应听之任之，还会将人类置于不可预测的风险之中。战场上为打赢一场战争而误伤平民的指挥官，战后一定会受到谴责甚至审判，就是为了拒绝让人类演化出与非常态下的“应激反应”相适应的“应激模型”。

这样我们便经由电车难题在时间中重建了“阴阳之道”：阳对应于责任，阴对应于后果。有价值的后果和有意义的责任，即一阴一阳之谓道；价值牵引意义，意义创造价值，即“继之者善，成之者性也”。

以迁居国外的一家人为例，小孩自己可以掌握新的语言，家长如果“负责任”地替小孩找个教师，导致的后果不仅没有价值，反而还有害。反过来，家长预测到“意义学习”的价值，在让孩子自主学习新的语言的同时，在其他方面也有意识地导入“意义学习”，孩子的成长将令人刮目相看。

那么，让小学生学奥数、让中学生做题海的家长和老师呢？已经形成的“应激模型”告诉他们，孩子进名校就是好前途的保障。然而，“负责任的行为”造就的却是“精致的利己主义者”，让一道中国式的电车难题摆在了面前。责任论者坚持认为这么做是有意义的；后果论者认为这么做是有害的。可是，在时代楷模张桂梅校长创办的女子中学里，贫困地区的孩子们正通过应试教育改变命运，对于张校长的所作所为，责任论者和后果论者却都无比钦佩，这又是为什么？

西方有个争论了几百年的故事：耶和华让亚伯拉罕献祭他的儿子

以撒，而他竟然决绝地选择了执行这个骇人听闻的命令。传统的解读将它作为有关信仰坚定程度的教诲，但包括康德在内的哲学家向这一解读发起了挑战。从更广阔的视点来看，这个故事突出了思维和存在的分裂问题：如果某件事从本能上来看是个彻底的错误，但它关乎你死心塌地地遵守的基本法则，这时应该怎么做？当无法清楚判别对错时，最后的抉择依据的最基本原则又是什么？中国人熟悉的极端的例子是，老母亲和年幼的儿子同时掉进河里，是先救母亲还是先救儿子？对于亚伯拉罕而言，他最后的抉择依据的最基本原则是诚于他和上帝订立的契约。对于不幸落水的一家人来说，孩子父亲在那一刻，他最后的抉择依据的最基本原则一定也是诚。孔子的贡献就在于：他体认出人具有本能的同理心——仁，并据此让心脑不贰。

《论语》中也有个“两难”故事。孔子说过“志士仁人，无求生以害仁，有杀身以成仁”，而他的学生宰予却问：“仁者，虽告之曰：‘井有仁焉。’其从之也？”子曰：“何为其然也？君子可逝也，不可陷也；可欺也，不可罔也。”翻译成白话文，意思是，宰予问：“一个有仁德的人，如告诉他井里掉下去一个仁人，他会跟着跳下去吗？”孔子的回答是：“为什么这么做呢？君子可以到井边去设法救人，但不可自己也陷入井中；可以受骗前往，但不可被迷惑而跳入井中。”这里的关键是“井有仁焉”是一个典故：有一个宋国大夫叫狂狡。在战场上与郑国人争斗，郑国士兵不小心掉到了井里。狂狡把自己的戟倒过来，用戟柄把郑国士兵从井里拉了上来。郑国士兵一上来立马用狂狡的戟把狂狡制服了，俘获了狂狡。

这个故事告诉我们，仁固然重要，但仁有没有意义，仁说了不算，义说了不算，有仁有义说了也不算。“仁者有仁于人而不能使人仁，义者有爱于人而不能使人爱”，仁生义、义生仁，才是“继之者善”。狂狡的仁连郑国士兵的义都没能带出来，当然不善。

“仁”的本义是通，中医讲麻木不仁即指血气不通，不识痛痒，毫无感觉；而“仁”的基础是心的感应，是本能的同理心让人与他人休戚相通，与天地相通。但是，有路才能通。所以孟子才说“仁，人心也；义，人路也”。所谓人路，即思路，是思维思考出来的路，只有符合宇宙法则的思维铺成的路，才能让仁通。仁是通、是动，所以是阳；义是路，是静，所以是阴。“恻隐之心，仁之端也；羞恶之心，义之端也。”仁遵循动量守恒，义遵循信息守恒。“君子坦荡荡，小人长戚戚。”思维遵循宇宙法则的人，因为通而善，而舒泰；思维背离宇宙法则的人，活在一团欲望之中，欲望不满足便空虚，欲望满足便无聊，故常忧戚。就好比一桌吃饭，每人发一双超级长的筷子，遵循宇宙法则的人会先帮对面的人吃，其他人跟上，大家就都能吃上饭，就都会舒坦。再比如，你把老婆当皇后，你便是皇帝，也就会舒坦了。这就是孔子的设计：用仁通路，实现以思维与存在的异质性为基础的思维与存在的同一性，即心脑不贰。

如果人们都能按照孔子设计的去做，不仅思维和存在同一了，就连马克思所构想的“每个人的自由发展是一切人自由发展的条件的联合体”，也早就实现了——每个人都在思维与存在的同一中自由发展，一切人也就可以在思维与存在的同一中自由发展了。然而，就是有那么一群人像任性的小孩，不好好“吃饭”。罗素说的更是直接：“整个世界的问题就是，傻瓜和狂热者总是自以为是，而明智者充满疑问。”

和任性的小孩讲道理，是很难的，但是可以讲故事。比如，请他们看看《侏罗纪世界》，那里面有一只有着同理心的迅猛龙，可以制服所有恐龙，哪怕是由人类科学家基因合成的杀人武器暴虐迅猛龙，也不是它的对手。虽然美国人已经尽其所能地讲清楚了人之为人的根本，但讲的毕竟是科幻故事。我们不一样，我们有历史，历史上真实发生的事会更有说服力。例如“司马光砸缸”，从“井有仁焉”到“缸有仁焉”，藏着“育子成龙”的“秘方”。

未来社会日益需要整合性的知识体系，更强调能力、素养和智慧，但这些无法靠课堂简单来讲授。能力需要训练、素养需要熏陶、智慧需要感悟。而感悟的产生，首先是有问题意识，问题意识会带来改变的目标，让人不断有意识和下意识地收集与之相关的信息并思考，有一天，突然因某种信息或刺激，形成顿悟，这就是智慧，是一切创新的源头。因此，如果能唤起孩子的好奇心，强化他们的问题意识，鼓励他们善于观察和提问，并不断刨根究底，又能长期坚守，他们一定会比别人更有智慧，因为心中有梦，脑中有货。

司马光就是个好榜样。“井有仁焉”激发了他的好奇心和问题意识，给了他改变的目标，在受到刺激后，形成顿悟。而如果没有宰予的批判性思维，就不会有“井有仁焉”这个问题，因此，批判性思维是问题意识的基础。

目前西方一流学校的教育主要着力于三个方面：第一，什么是人；第二，什么是社会；第三，什么是世界。目的是要让学生知道怎样为人，人怎样与群体、社会和世界相处，从幼儿园开始，课程就是这样设计的。孩子用什么样的方式打开世界，世界就会用什么样的方式接受他。孩子用包容的方式打开世界，世界就会用包容的方式接受他。换言之，西方的教育正走向以“仁”为核，让孩子们在自善和兼善的矛盾中培养批判性思维和形成问题意识。不过，他们一时半会儿还很难懂得“阴阳之道”，就连“失败是成功之母”，于他们而言，也是很难理解的。而有着优良传统的我们，却迷失于应试教育。

带着问题意识，我们回到张校长创办的女子中学。她十几年如一日，在开心中关心着孩子们，孩子们在关心中开心着。开心中关心，是有意义的责任；关心中开心，是有价值的后果。将心比心，孩子们自然而然形成的羞恶之心，会帮助他们铺好一条“路”，使得他们具有一种能力——在开心中关心他人。所以，尽管是不得已而为之的应试教育，却是善的。而“精致的利己主义者”却在关心中关掉了自己的心，拥有了发达的思维却远离了本自具足的存在。

让一部分人先富起来，并不一定指望先富带动后富。先富能带动后富固然好，先富如若不能带动后富，只要教育能跟得上，在社会大家庭的关爱中成长起来的孩子，会走上共同富裕的路。与此同时，先富不仁的人富不过二代，也会是大概率事件。

事实上，被“化”了两千多年的中国老百姓，已经将仁和义当作空气和水了，被中国人认可的意义和价值，最终都可以上溯到“仁义”二字。例如，病毒来袭，中国人认为戴口罩不仅保护自己，也保护他人；是自善其身，也是兼善天下；是在关心中开心，也是在开心中关心。西方人呢？他们连亚伯拉罕和以撒的故事都还没争论完呢！当然，有时候我们也会污染空气和水。例如，高铁上刷某音倒也罢了，刷的时候还把音量打开，视旁边正在工作的人于不顾，那便是羞恶之心被乱哄哄的一片给污染了，“人路”堵了，“人心”不通了。

此外，我们也有正在争论的问题。前不久播放的一部电视剧中有这样一个桥段：富人说他的财物是自己辛勤劳动所得，指责革命者不该把他家的财物分给穷人，因为会助长好逸恶劳。革命者的回答是，革命不是为自己，而是为天下，天下的穷人太苦了，好逸恶劳的只是少数，大多数穷人祖祖辈辈做牛做马，而为富者不仁，没人管穷人，就只能由我们来管，要管尽天下不平之事。剧情是虚拟的，事情却真实发生过。1910 年发生的长沙抢米风潮波及韶山后，年少的毛泽东打开了自家的粮仓救济穷人，为此受到族长的指责。在那个远离平衡态的年代，把天下装进心中，怀揣管尽天下不平之事的理想帮助穷人，无异于砸缸救人。只要永葆初心，便是大仁大义！

雨果的《九三年》，作者在描绘新生的法兰西共和国粉碎旺岱反革命叛乱的历史事件时，强烈谴责外国干涉者和贵族扼杀法国大革命的罪恶勾当，愤怒揭露叛军烧杀抢掠、无恶不作的暴行，热情歌颂共和国士兵与劳动人民的血肉关系。但是，小说的结局却令人大惑不解：当革命军终于攻克叛军的最后一个巢穴，反革命头目朗德纳克侥幸逃出重围企图卷土重来时，这个血债累累、顽固到底的贵族却忽然动了恻隐之心，甘愿留下来抢救即将被烈火吞没的三名无辜儿童，并束手就擒，而这三名儿童正是他残忍地扣作人质并下令烧死的。于是，革命军首领郭文被这种人道主义精神所感动，居然违反他亲自签署的革命法律，宁愿自己上断头台，也要放走杀人不眨眼的罪犯朗德纳克，给以继续从事反革命活动的机会。革命军政委西穆尔登也深深同情郭文的“人道”行为，在处决郭文的同一刹那，开枪自杀。有人说这样的描写根本不符合生活的逻辑，不符合人物性格发展的逻辑。实际上，雨果想要表达的是，朗德纳克下令烧死儿童，是一个关乎他死心塌地地遵守的基本法则的彻底的错误，直到他目睹无辜儿童将被烈火吞没才明白了过来，这个明白是涌现而来的。至于郭文和西穆尔登的不合常理的表现，则寄托了作者美好的期望：让有意义的责任继之以有价值的后果——杀身以成仁，是为了激发人们的羞恶之心，让仁能够通下去。在我们被“化”了 2000 多年后，西方社会终于演化出来了仁。

新商业导人向善

生命既然遵循宇宙法则，生意也应当遵循宇宙法则；生命既然在于涌现，生意也应当在于涌现。今天的人们谈生意，只谈钱；古代的人们谈生意，却是“此树婆娑，生意尽矣”。这是《枯树赋》开头起兴的两句，结尾是：“昔年种柳，依依汉南。今看摇落，凄怆江潭。树犹如此，人何以堪！”

为避免生意成为枯树，古代的生意人遵循孔夫子“不义而富且贵，于我如浮云”的教诲，奉行“义是长远的利”：义生仁，仁生义，继之者善，成之者性也。今天的人们为什么不这样做生意呢？因为烟囱和流水线下的工业化，人们只能用刀叉吃饭。

数字化就不同了。一方面，工业化时代的扩张性增长，已经走到尽头，扩张性增长造成的种种问题，导致的种种无序，为人类带来了前所未有的危机，不换种方式吃饭，大家就都吃不上饭。寒鸦面对危机尚能迅速从无序到有序，何况人呢？另一方面，依托于数字技术，多元化的人们能够不受物理空间的限制发挥各自的优势参与社会事务，可以相互堆叠形成更复杂的结构。涌现的条件具备了。换而言之，原来的强盗现在有了文化，原来的秀才现在学会了武术。强盗有文化，见谁都不怕；秀才会武术，谁都挡不住。

阿里于近期推出的 RTS 国际站业务，业务员会承诺，你交 20 万，阿里为你提供海外市场需求的精准数据，确保你一年赚 200 万。既合力赚钱，又打通了外循环；既增加国内就业，也促进国外消费。RTS 让一桌人都吃上了饭，生出了意义！

其实，RTS 的做法是老树开新花，早在 2500 年前，财神范蠡就这么做了。范蠡出生于内陆，他经商的地区靠海。他发现沿海“盐以米价”、内陆“盐以金价”。商人在当中赚差价再平常不过，但他却要“均衡盐价”。因为他认为家家户户都要吃的盐被卖成了金价，于穷人而言是一种不公。但是，盐价降下来后商人们赚不到钱也不行。他在海边观察了三天三夜，有了“新”发现：海边不仅产盐，还产鱼，受制于当时的存储和运输条件，内陆的富人有钱却吃不到海边产的鱼。于是他告诉盐商，在贩盐的同时可以捎带咸鱼，盐不加价，咸鱼却可以高价卖给有钱人。也就是说，他用盐“引流”，把盐做成了“利基”——利益共同体的基础，干的是“订单农业”。并且，还帮助人们积德行善：商人因为卖鱼、富人因为吃鱼而让穷人吃上了便宜的盐。人皆有恻隐之心，越是不起眼的盐，越是能激发人的本能的同理心，越是会因为自己的善举而觉得活出了意义。有了这份意义后，无论卖鱼的还是吃鱼的，都会忠诚于范蠡所打造的“陶朱公”品牌——像学步时候的小孩那样，越付出越满足。付出与满足，在工业化的商业世界里是一对矛盾，付出越多，满足感越少；在范蠡“义”的模式中却互为同根——越付出，越满足；越满足，越付出。更为重要的一点在于，这个具有共性的意义可以将多元化的人们层层叠叠地整体关联起来，之后整体再反过来作用于个体。这就是“范蠡贩盐，大利藏于咸鱼中”的故事。

范蠡虽出身贫寒，但聪敏睿智，胸藏韬略，在移居越国后，开始了他辉煌的“三迁”人生历程：入越为将，出齐拜相，居陶为商。“三迁皆有荣名”是司马迁对范蠡“三迁”的评价。一迁，入越为将。据《史记》记载，周敬王二十六年（前 494 年），吴越夫椒之战，越王勾践大败，仅剩五千兵卒遁入会稽山。在勾践无路可走即将亡国之时，范蠡毅然决然陪同勾践夫妇在吴国为奴三年。二迁，出齐拜相。在帮助勾践击败吴王之后，因为担心“飞鸟尽，良弓藏；狡兔死，走狗烹”，范蠡浮海出齐，改名换姓，自称鸱夷子皮，苦身戮力躬耕海畔。父子共同治产，没有几年，就治产数十万。“齐人赏其贤，拜为相。”由布衣荣升国相，是范蠡宽厚仁爱、广施恩惠、泽被百姓、受人敬仰的佐证。三迁，居陶为商。范蠡知道自己从一介布衣升到国相这一高位是为不易，但身居高位久受尊名，是为不祥，便留下相印，带着家人再次离开，迁至定陶。在这个居于“天下之中”之地经商治产。没出几年，积资又成巨富，遂自号陶朱公。尽管范蠡“三迁”荣名立身，在政治、军事、经济等领域多有建树，与先秦诸子相比毫不逊色，但终因其“辞官下海”违背了封建社会的主流思想，正史鲜有记载，而司马迁也只把他列入《史记·货殖列传》之中。

为什么当时的范蠡能够借由盐调动起人们的公心呢？这就要说到民间第一财神比干了。比干幼年聪慧，勤奋好学，20 岁就以太师高位辅佐帝乙，又受托孤重辅帝辛。比干从政 40 多年，主张减轻赋税徭役，鼓励发展农牧业生产，提倡冶炼铸造，富国强兵。商末帝辛（纣王）暴虐荒淫，横征暴敛，比干叹曰：“主过不谏非忠也，畏死不言非勇也，过则谏不用则死，忠之至也。”遂至摘星楼强谏三日不去。纣问何以自恃，比干曰：“恃善行仁义所以自恃。”纣怒曰：“吾闻圣人心有七窍信有诸乎？”遂杀比干剖视其心，终年 64 岁。

民间传说，姜子牙离开朝歌时，曾去相府辞行，见比干气色晦暗，知其日后必有大难，便送比干一张神符，叮嘱在危急时化灰冲服，可保无虞。比干入朝前知己必难，便服饮姜子牙所留符水，所以在剖心后能不流血而前行。后传说，比干因服了姜子牙灵丹妙药并未死去，而是来到民间广散财宝。比干生性耿直中正，公正无私，心被挖空后成了无心之人。正是因为无心无向，办事公道，所以被后人奉为财神。当时传说在比干荫佑下做买卖的人，无偏无向，公平交易，互不坑骗。也就是说，通过比干的故事，公平的价值理念，被植入了商人的心中。这才让范蠡一呼便能百应。3000年前创作出比干无心、将比干封神的人（很有可能是姜子牙），其用心之良苦，何尝不似大文豪雨果呢？

中国人的神由人封，是一大传统。只要功德在社会，其人虽死，其神却常存在此社会上。文财神比干、范蠡如此，武财神关羽也是如此。

除了比干、范蠡和关羽，还有子贡和白圭两位财神。白圭被封神，在于他通过观察市场行情和年成丰歉的变化，奉行“人弃我取，人取我与”的经营方法，丰收年景时，买进粮食，出售丝、漆。蚕茧结成时，买进绢帛绵絮，出售粮食。用观察天象的经验预测下年的雨水多少及丰歉情况。若当年丰收，来年大旱，今年就大量收购粮食，屯积货物。想让收益增长，就专买下等谷物；想让成色提高，就专买上等谷物。为掌握市场的行情及变化规律，经常深入市场，了解情况，对城乡谷价了如指掌。白圭虽为富商，但俭朴，摒弃嗜欲，节省穿戴，与他的奴仆们同甘共苦。子贡被封神，在于他总结出了“物以稀为贵”，以及《史记》中记载的由他主导的“神作”——“子贡一出，存鲁，乱齐，破吴，强晋而霸越”。懂得“物以稀为贵”的子贡，在挑起战争的同时，也备足了货，赚得盆满钵满。可见，人与人不同，由人封的神，神与神也不同。

但神由人封的好处在于，既尊重了多样性、体现了包容性，又让被人送上去的神，还可以被人请下来。如果不想被请下神坛，活着就已经被封神的人，就得发奋图强了。另一个好处在于见贤思齐。能力越大，责任越大，先富起来的人，要承担“预测信息”的责任并采取行动，被封神的人，更应当如此。

例如比尔·盖茨先生，他在新书中预测，到2060年，气候变化可能像新冠肺炎一样致命，到2100年，气候变化的致命性可能达到新冠肺炎的五倍。而在经济上，未来的一二十年里，气候变化造成的损失相当于每十年暴发一次与新冠肺炎相当的大流行，到本世纪末，情况将更加糟糕。但是盖茨写道：试图阻断处于经济阶梯底层的人的上升通道是不道德的，也是不切实际的。在应对新冠肺炎疫情方面，我们需要新的测试手段、新的治疗方法和新的疫苗。同样，在同气候变化做斗争的过程中，我们也需要新的工具。为此，他投资了人造肉公司，因为养殖业“贡献”了20%的温室气体。此外，他在以“零碳”的方式发电、制造产品、种植粮食，以“零碳”的方式为建筑物保温降热，以及以“零碳”的方式转移人员、运送物品等方面进行了投资。他还强调要开展多种创新活动（比如培育新的种子），帮助这个世界上极度贫困的人（其中很多都是小户农民）去适应不断变暖的气候。他认为这既是人类自我救赎的途径，也意味着未来几十年里潜力巨大的商业机会。而他写这本书的目的是为了鼓舞世界：“我们可以制定有效计划应对气候变化……我是个乐观主义者，因为我知道技术能做到什么，因为我知道‘人’可以做到什么。我们可以避免一场灾难。我们可以让气候变成每个人可以承受的问题，帮助数以亿计的贫困人群生活得更好，同时为子孙后代保护这个地球。”

如果说首富的境界遥不可及，我们自己的财神还是可以学的。范蠡曾经帮助过一个叫猗顿的人经商致富，以至于“陶朱猗顿”成了一个专门指称巨富之家的成语。《史记集解》引《孔丛子》说：猗顿原籍鲁国，是一个穷困潦倒的年轻人，“耕则常饥，桑则常寒”，饥寒交迫，艰难地生活着。正当他为生活一筹莫展的时候，听说范蠡19年间获金巨万，羡慕不已，试着前去请教。陶朱公十分同情他，便授与秘方：“子欲速富，当畜五牸。”牸即母牛，泛指雌性牲畜。陶朱公是根据猗顿当时十分贫寒，没有资本，无法经营其他行业，便让他先畜养少数牛羊，逐渐繁衍壮大，日久遂可致富。这对于猗顿来说，确是一个切合实际的致富办法。于是，猗顿按照陶朱公的指示，迁徙西河（今山西西南部地区），在猗氏（今山西临猗境）南部畜牧牛羊。当时，这一带土壤潮湿，草原广阔，尤其是猗氏县南 20 里处的对泽，为一片面积很大的低洼地区，水草丰美，景色宜人，是畜牧的理想场所。由于猗顿辛勤经营，畜牧规模日渐扩大，“十年之间，其息不可计，赀拟王公，驰名天下。”因起家于猗氏，遂号猗顿。致富后的猗顿为了表达对陶朱公的感恩之情，在今临猗县王寮村修建了陶朱公庙。

除了从范蠡那里听取了畜牧牛羊的建议，猗顿也取到了“大利藏于咸鱼中”的真经。它在经营畜牧的同时，已注意到位于猗氏之南的河东池盐，在贩卖牛羊时，顺便用牲畜驮运一些池盐，连同牲畜一起卖掉。之后，在靠畜牧积累了雄厚的资本后，便着意开发河东池盐，从事池盐生产和贸易，成为一个手工业者兼商人。雍正《敕修河东盐法志》卷一说：河东池盐为“池水浇晒之盐，可直（接）食用。不须涑治，自成颗粒。”即将池水浇在地上，风吹日晒后即可成为颗粒状食盐，不需要煮炼。因此，《左传・成公六年》中称其为“国之宝”。正因为河东池盐为天然之美物，是取之不尽，用之不竭的财源，猗顿便不断扩大池盐的生产与销售规模，使他成为当时我国著名的大富豪。在经营池盐的同时，猗顿还兼以贩卖珠宝。《尸子・治天下篇》说：“智之道，莫如因贤。譬之相马而借伯乐也，相玉而借猗顿也，亦必不过矣。”《淮南子・汜论训》也说：“玉工眩玉之似碧卢（一种美玉）者，唯猗顿不失其情。”说明猗顿对珠宝有着相当高的鉴赏能力，以致可以与伯乐相马相提并论。猗顿通过多方经营，终成倾国巨富，在当时的社会影响很大。《韩非子・解老篇》：“夫齐道理而妄举动者，虽上有天子诸侯之势尊，而下有猗顿、陶朱、卜祝之富，犹失其民人，而亡其财资也。”说明猗顿之富已超过陶朱公，并可与王势并提。

猗顿墓在山西省临猗县牛杜乡王寮村的村西头，陵园规模不大，但古朴肃穆。碑文称猗顿生前“其富甲天下”，“西抵桑泉，东跨盐池，南条北嵋，皆其所有”。“或者急公奉饷，上有利于国；或者悯孤怜贫，下有济于民”。自古以来，富比王侯者，何止百千人？但猗顿这位布衣商人，却受到后人辈辈世世永远的纪念。这值得人深思。在距此不远（约40公里）的东北方向上也有一碑，是清代咸丰年间的，是村民为一老妇立的德行碑，碑文有这么几句：“人有与千金而不悦者，亦有被微惠而不忘者，何也？视其与者心诚与不诚。诚则不忘报。”“施恩无念，知恩图报，积而能聚，厥后克昌”。这也许能启迪人们。

人心即流量

江边的江石沫子，是江里的浪不断拍打石上的水涌现出的泡沫状新物种，在古代，劳动人民会用江石沫子磨刀和擦背。从水龙头接水到盆里，水拍打盆底的水也会出现泡沫，但江石沫子的复杂度远非自来水泡沫可比。浪拍打石产生的能量波会与石上的水中极微观的物质同频共振，这些微观物质在有序化排列之后，形成江石沫子。

由人“互联”而成的“网”，网和人，有如江和浪花一朵，浪是江的赤子，江是浪的依托，浪花持续拍打依附于某个实体上的水，价值便涌现而来。工业化时代，这种现象只出现于股市和楼市：股市是江，企业如石，企业的股价便是那石上的水；楼市是江，楼盘如石，楼盘的房价便是那石上的水。其他市场上不曾出现“江石沫子”，因为那个时候，人们不能互联成网。

以营销为例，工业化时代奉行 STP+4P 理论。S 是市场细分，指营销者通过市场调研，依据消费者的需要和欲望、购买行为和购买习惯等方面的差异，把某一产品的市场整体划分为若干消费者群的市场分类过程；T是目标市场选择，即营销者在市场细分后选择自己的目标市场和制定相应的市场策略；P是市场定位，指企业针对潜在顾客的心理进行营销设计，在目标顾客心目中建立某种形象或形成某种个性特征，以保留深刻印象和独特位置，从而取得竞争优势。STP是决策层，4P则是执行层，分别是PRODUCT（产品），PLACE（地点），PROMOTION（促销）和PRICE（价格）。

这种“分而治之”的营销过程，像极了西医。西医看病从细分开始，细分的过程实际上是掌控话语权的过程，控制病情发展是西医的优势。STP+4P也是通过细分掌控话语权，控制的却是人的心智（大脑）。工业化比拼肌肉，比拼肌肉的人不讲智慧，只搞脑子，所以细分和控制管用，目的就是分而治之，不让人们联合起来。数字化比拼智慧、用心经营，心没法细分，也没法控制，心只会涌现，一旦心连心，大家的心在一起，就会人心齐，泰山移。百年前西方逼我们“换脑”，现在轮到他们“换心”。这便是百年未有之变局。

商业领域率先由脑入心的人是乔布斯。以苹果手机为例，他根本就不按STP+4P那一套出牌，而是在冥想中获取灵感。冥想的过程就像草履虫的应激反应，不用经过大脑。但冥想出来的灵感却需要科学理性和逻辑推理才能转换为价值。数字化时代的移动营销有四大底层逻辑（4L）：痛点、刚需、高频和利基。这里的痛点，不在于技术和功能层面，而在于意义。上世纪八十年代乔布斯喊出“为科技注入人性”，和2500年前范蠡布告天下“均衡盐价”一样，对想要影响的人们有意义。正是因为意义，人们才能互联成网，才能成为网中的浪花一朵去持续拍打那石上的水。而一部分人心甘情愿地为苹果手机和苹果店中的应用多支付的那部分费用，就是江石沫子。

除了4L，还有4S。4L是决策层，用来创造意义；4S是执行层，用来实现价值。4S分别是SERVICE服务，SUBSTANCE内容，SUPER USER超级用户和SPACE空间。苹果的产品即服务，合作伙伴们在苹果产品上创造优质内容，有优质内容就会有出钱又出力的超级用户，随之而来的便是空间。这就是取代STP+4P的4L+4S理论。

4L+4S理论是移动营销管理之父华红兵老师根据移动互联网时代企业营销实践总结出来的，他十年磨一剑，呕心沥血，写成了《移动营销管理》。德鲁克学院院长亲自为这本书作序。西方搞营销管理的专家明白，几十年前由科特勒提出的营销管理理论，以及之后的各种修正版本，都是搞脑子的，不再适用于移动营销管理，他们需要中国人来“换心”。明明是乔布斯领风气之先，为什么总结出理论的却是中国人呢?

这是因为，与其说移动营销管理总结的是今人的实践，不如说是对范蠡们的传承——这套理论可以完美解释“范蠡贩盐，大利藏于咸鱼中”，绝非偶然。移动营销管理，因移动互联网而生，却并非移动互联网的营销管理，而是“整体关联、动态平衡”的营销管理。“整体关联”需要“移”，“动态平衡”对应“动”，是为“移动”。全世界只有中国人历经三千年演化而成了“移动”思维，移动互联网于中国人而言，不过是一把趁手的剑。

德鲁克说过，资源只有与需求结合，才有价值。两百年前，石油分文不值，工业化出现后，为了石油，国与国不惜开战。既然资源只有和需求结合后才有价值，专家们就说了，能不能发现需求，关键在于眼界。殊不知，用眼睛看，会看走眼，用心看，才会走心。走心，才会涌现!不起眼的葫芦科植物，却让运鸿人“水击三千里，抟扶摇而上者九万里”。

生命在于运动，但生命的本质在于改变。改变就在“开关”之间——开心中关心，才有意义；关心中开心，才有价值。创造性本自具足，生命的过程就是验证本自具足的过程。生意也是。

咖啡杯中悟道：致广大而尽精微

熵与涌现

物理学始于伽利略，由牛顿发扬光大。在牛顿之后，又有麦克斯韦、普朗克、爱因斯坦、玻尔、狄拉克、费曼、薛定谔等一众物理学家，发现了一系列新的物理学定律，极大改变了人类对于世界的认识。不仅如此，人类利用物理学定律发展出了现代科技文明，彻底革新了人类的生活。然而，物理学定律在造福人类的同时，有一条物理定律却给人类带了绝望。这条定律预示着宇宙必然会走向不可逆转的毁灭，它就是熵增定律。

1824 年，物理学家卡诺在研究热机时发现，热量并不能被百分百转换为能量。为了定量描述热机的能量耗散，克劳修斯在 1865 年引入了一个常数——熵。熵可以表征无用能量的多少，无用能量越多，熵越大；有用能量越多，熵越小。热机在运行过程中，会产生无用的热量，例如，机械结构之间相互摩擦所产生的热量，这些热量不能用于做功，系统的熵会变得越来越大。由此可见，能量的转化和传递是有方向性的，低温热源的热量不会自发地传递给高温热源，热量不能自发并且全部转化为功。因此，熵的值只会变得越来越大，并且是不可逆转的，这就是熵增定律，亦称热力学第二定律。

1877 年，物理学家玻尔兹曼进一步扩展了熵的概念。他发现，系统的熵与其微观状态数量有关。倘若系统的微观状态数量越多，意味着系统越混乱，表明熵值越大。即系统的有序度越低，熵越大。但熵越大，系统是否就一定无序呢？例如，自然界和人类社会时时刻刻都在熵增，达尔文的进化论却指出，进化的结果是种类不断分化、演变而增多，结构不断复杂而有序，功能不断进化而强化，整个自然界和人类社会都是向着更为高级、更为有序的组织结构发展。

我们自己就可以动手做个实验。取一个装有咖啡的玻璃杯，先将牛奶轻轻倒在咖啡上面，然后用勺子将它们慢慢混合。一开始，系统的熵很低，一旦我们开始交换牛奶和咖啡的分子，玻璃杯看起来就不一样了。在最后，所有东西都混合在了一起，熵也相对较高。我们摇晃杯子将混合物中的任何一部分与另外一部分交换，整个系统看上去还是基本相同。在这个过程中熵继续上升，正如热力学第二定律引导我们得出的预期那样。

但是，复杂度和有序度呢？当牛奶和咖啡完全分离的时候，系统的熵很低，但它显然也很简单，并且有序。牛奶在顶上，咖啡在底下，没什么别的事情发生。而在最后的状态中，所有东西都混合在一起，系统也很简单，却无序。正是处于低熵和高熵之间的中间阶段，看起来就很复杂，却也有序——丝丝缕缕的牛奶以纷繁而美妙的方式延伸到了咖啡之中。这意味着，熵不断增加，系统的复杂度和有序度却是先上升，再下降。

在物理学和生物学中，复杂度常常以层级的形式出现：小部件结聚成更大的单元，这些单元接下来又汇聚成更大的单元，如此等等。较小的单元一边保持着完整性，一边在整体内部参加相互作用。以这种形式建立的网络会展示出由简单的底层法则涌现而来的整体复杂行为。因此，物理学和生物学范畴的复杂度与有序度是正相关的。

事实上，宇宙作为一个整体，其复杂度也会随着熵的增加而先增后减。在靠近大爆炸的早期，宇宙的熵非常低。这个状态同样极端简单：它炽热稠密，平滑而处于急速膨胀之中。在遥远遥远的将来，熵会变得非常高，但状况会再一次变得简单——会变得冰冷寂寥，重回平滑状态。正是在遥远过去和遥远未来之间的今天，宇宙拥有中等的熵，但却高度复杂而有序。也就是说，没有任何自然定律断定当系统从低熵态演化为高熵态时复杂性一定会出现，但它可能出现，关键是要存在跨越长距离的效应，而不是只有涉及相邻粒子之间的效应。我们身处的地球，无时无刻不在增加它总体的熵，而其表面之所以会涌现出如此复杂而有序的结构，就是因为“跨越长距离的效应”的存在。

然而，宇宙是一组量子场，它们遵守的方程连过去和未来都不能辨别，更不要说包含任何长远目标了。在这个世界里，像人类这样组织严密的复杂事物到底是如何出现的呢？简短的答案包含两部分：熵和涌现。熵提供了一个向前发展的时间箭头，涌现给出了一种说明方式，能解释那些可以生存和演化、并有着目标和渴望的集体结构。例如，有着目标和渴望的诗人会涌现出“白日依山尽，黄河入海流。欲穷千里目，更上一层楼”，没有目标和渴望的诗人就只能写出“手捏一块屎，从床上下来了，那样子像一个归来的王”。人组成的集体也是一样，都在熵增，但有着目标和渴望的集体，其复杂度一般会高于没有目标和渴望的集体。人做的东西也是如此。例如，煲汤和煎药就不同于牛奶加咖啡，随着熵增，系统会持续走向复杂。还有酿酒。酱香型白酒以酒兑酒，在长期陈放的过程中，那些暴辣、刺鼻的异味杂质不见了，酒体变得柔和、绵软，香味组份愈加丰满、幽雅，使酒进入人体后产生优雅、细腻、柔和、丰满、愉快等复杂的感觉。除了酱酒，还有红茶，祁门红茶的好味道，是“拼”出来的，拼的过程中也是在有序化。煲汤、煎药、陈酒和拼茶的人，都有着目标和渴望。

然而，涌现和熵可以解释复杂事物是如何出现的，却不能保证复杂结构一定会出现。正如仁和义可以解释复杂集体是如何形成的，却不能保证复杂结构一定会出现。起决定性作用的是“跨越长距离的效应”的存在。物理学家仍然在研究跨越长距离的效应和复杂结构之间的关系，生物学家却送来了“参考资料”。

今天，微生物学家们越来越清楚地认识到肠道菌群的丰富性、多样性和复杂性与人体健康之间的关系。菌群与人体共生，人体于细菌而言，大的像宇宙，这些细菌为了生存和演化，会团结起来帮助人体抵抗坏菌和病毒，否则人体不好，它们也活不好。

正常情况下，由人体生态和肠道菌群形成的整体会作用于菌群，产生强涌现。然而，因为人类滥用抗生素导致肠道菌群失衡，失衡后的肠道菌群先是影响了人体生态平衡，失衡的人体生态再反过来影响肠道菌群，使得熵在增加，涌现减少。就好比面对被破坏了的自然生态，眼前光秃秃的一片，时不时来点沙尘暴或者大洪水，人哪里还会涌现出诗情画意呢？而环境越恶劣，坏人越活跃，还会把好人带坏。人如此，人体内的菌群也是一样，导致复杂度降低，表现出来的就是各种慢性疾病。

但人毕竟不同于菌。“人法地，地法天，天法道，道法自然”，人可以“法地”，菌不可以“法人”。地里也有很多菌，地和菌之间通过“道”维系着复杂性。“人法地”，意味着人应该像地一样“为菌行道”，这便是道家的养身功夫。例如太极拳，德国科学家研究证实，打太极拳可以增加肠道菌群的复杂度，原因在于太极拳有助于恢复人体生态和菌群之间在微观层面的联系。换言之，太极拳中有道。

这样一来，我们就可以做一个假设：老子的道与“跨越长距离的效应”存在相关性。“有物混成，先天地生。寂兮寥兮，独立而不改，周行而不殆，可以为天地母。吾不知其名，强字之曰：道，强为之名曰：大。大曰逝，逝曰远，远曰反。故道大，天大，地大，人亦大。域中有四大，而人居其一焉。人法地，地法天，天法道，道法自然。”“大曰逝，逝曰远，远曰反。”“逝”与“远”，说的是向前发展的时间箭头；“反”，是强涌现，是宏观和微观、无穷大和无限小之间的无尽交流。“故道大，天大，地大，人亦大。域中有四大，而人居其一焉。人法地，地法天，天法道，道法自然。”这句话讲的是人和天地一样，都是道的像，存在跨越长距离的效应。

道与现代物理学之间存在着相容性已经是科学界的共识。现代物理学正在进行的五种范式的转换包括：一，从部分到整体的转换，不再期待从部分的属性了解整体的动态原理，而是强调部分的性质只有通过整体的动态原理才能解释；二，从结构到过程的转换，不再把过程看做是由基本结构之间的相互作用决定的，而是把每种结构都看做是一个内在过程的表现；三，不再把科学描述看做是完全独立于观察者和认知过程的纯客观的活动，而是强调对自然的描述中也必然包括着对知识过程的理解；四，从“建筑”观念到“网络”观念的转换，不再把知识看做是由基本定律、基本原理、基本概念等构成的建筑，而是看做一个概念和模型相互联系的网路，其中并没有基础的存在；五，从真理到似真描述的转换，不再追求科学知识的确实性，不再追求描述与被描述物件之间精确对应意义上的真理，只讨论对实在的有限度的和近似的描述，认为科学并不能提供最后的完备而确定的理解。相对应的，道从整体的、动态的角度来概括世界的统一性，不是通过部分来解释整体，而是通过根源和整体来认识部分和个体；道从生成过程解释世界的发生和运动，不从结构的角度解释世界的本质；道代表超越二元对立的一元论，没有主观与客观的对立和分离；道没有结构的观念，没有固定不变的基质；道的描述体现了严肃的怀疑精神和谨慎的、推断的态度，没有独断论或教条化的气息。

现代物理学几乎对于人类社会的各方面都正在产生深刻的影响，它已成为自然科学的基础。而自然科学与技术科学的结合使我们地球上的生活条件发生的根本变化，有目共睹、世人皆知。但是，现代物理学的影响会更加深远，它扩展到了思想与文化的领域，从而导致人们对于宇宙及与它有关的观念进行重大的修正。20 世纪对原子与亚原子世界的探索揭示了经典思想意想不到的局限性，这就有必要对许多基本概念进行根本性的修正。它们的彻底变化使得整个世界观也开始变化。

在过去几十年中，物理学家和哲学家广泛地讨论了由现代物理学所引起的这些变化，几乎所有的讨论总是朝着这样一个方向：趋向一种与东方神秘主义所持观点非常相似的世界观。量子力学奠基人之一玻尔就曾说过：在原子物理学的发现中所表现出来的关于人类认识的一般概念，就其本质而言并非我们根本不熟悉、前所未闻或者完全是新的。即使在我们自己的文化中它们也有一定的历史，而在佛教和印度教的思想中更具有中心的地位。我们所要做的发现只是古代智慧的一个例证、一种促进和精细化。为了与原子理论的教程做一类比，（我必须转向）这样一些方法论的问题，释迦牟尼与老子这样一些思想家早就遇到了这类问题，就是在存在这幕壮观的戏剧中，如何使我们既是观众又是演员的身份能够协调起来。

而在相对论中，空间和时间完全等价，它们统一在四维连续体中，其中的粒子相互作用可以向任何方面发展。在超越时空的相对论的世界里，我们每一个人构成的过去、现在和将来的每一件事物都是一个整体。可以说，每一个观察者，当他的时间过去时会发现一段新的时空，对于他来讲好像是物质世界的后继方面，虽然在实在中，构成时空的全体的存在先于他对它们的认识。这段抽象的描述却与一位喇嘛关于冥想的描绘相近：如果谈到在冥想中的空间经验，那么我们就是在对付完全不同的领域。在这种空间的经验中，时间的序列转化为同时的共存，是事物的并列存在。这并不是静止的，而是一种活动的连续性，其中时间和空间结合成为一个整体。

包容性增长

现代物理学对物质、空间、时间及因果关系的看法，与东方哲学思想有着惊人的相似之处。海森堡曾经说过，如果二者汇合，可能会有新颖而有趣的发展。而梁漱溟老先生将东方哲学又一分为二：印度哲学和中国哲学。他认为“意欲”的方向决定了生活的样法，从而形成了不同的文化路径。“印度文化是以意欲反身向后为其根本精神的”，“西方文化是以意欲向前要求为其根本精神的”，而“中国文化是以自为、调和、持中为其根本精神的”。他老先生的意思是，熵和涌现这两大自然法则，西方文化和印度文化各居其一，中国文化追求的却是在熵增中涌现。这自然是难度极高的，所以才有“极高明而道中庸”之说。达不到这个目标的时候，会遇到精神和物质层面的问题，便先后吸收了印度文化和西方文化。又由于我们的文化本就“以自为、调和、持中为其根本精神”，因此，理论上，全世界最有机会做到“二者汇合”的，是中国。

理论上的可能性成为现实，首先要解决中国文化内部儒家和道家“二者汇合”的问题。儒家教人们做君子，但君子遇到无道的世道，有仁未必有义，只能徒唤奈何。道义却不一样，有道必有义，所以乱世的时候，要靠下山的道士。但是，道士懂道不懂心，儒生懂心不懂道，虽然能合作，理论上却打不通。待儒道“吸佛”之后，才出现以儒家的价值理念为魂、以道家的自然哲学为骨的理学。事实上，范蠡早就儒道并用了，从实践走向理论，却用了1500多年。现在又几乎丢掉了。

《道德经》第十六章有云：致虚极，守静笃。万物并作，吾以观复。夫物芸芸，各复归其根。归根曰静，静曰复命；复命曰常，知常曰明。不知常，妄作凶。知常容，容乃公，公乃全，全乃天，天乃道，道乃久，没身不殆。意思是：达到极度虚无，守住极度清静。万物一起生长，我因此观看它们的往复回归。万物纷纷纭纭，各自回归到自己的根本。回归根本叫做“静”，这就叫做回复本来状态，回复本来状态叫做“常”，了解常道叫做“明”。不了解常道就会轻举妄动而招来凶险。了解常道才会包容，包容才会公正，公正才会周全，周全才会符合自然，符合自然才会符合大道，符合大道才会长久，终身不会有危险。

范蠡能够从不起眼的盐中看到不公，就是“知常容”，“容乃公，公乃全，全乃天，天乃道”。他构建的商业系统中有道，通过“均衡盐价”将他的“容”和“公”返回了人心，是义中取利，但他是不自觉的，在当时，并没有系统的理论指导。直到朱熹“引道入儒”，“致虚极，守静笃”在理学体系中才被发展成“理在气先”的思想。今天我们可以将“理在气先”在时间中重建为“理在事先”，即“理念先行”——理念以意欲向前，却可以反身向后，在人心中涌现。但丁说“美能让灵魂采取行动”，用“理”来诠释，意思是心灵美，都有理，作为媒介的美让有灵魂的理念返回讲理的人心，“各美其美，美人之美，美美与共，天下大同”，善莫大焉。

现如今，“理念先行”已经被广泛应用于“二者汇合”的新商业。这是因为，理学本就是“推天理以明人事”，而商业的本质就是人事，在商业中起主体作用的企业，是“人来则止的事业”。当我们吸收“以意欲向前”的西方文化的时候，西方也在吸收“反身向后”和“自为、调和、持中”的东方文化。

上世纪六十年代的美国社会，各种有识人士都在寻找认知这个世界的方法：科技与人类到底是一种什么关系？人们是否可以像上帝一样活？像上帝一样俯瞰这个世界、理解这个世界完整的运转规则、上帝般无所不能、对地球的未来负责？为此，毕业于斯坦福大学生物系的斯图尔特·布兰德创办了《全球目录》杂志。这是全世界最早视科技为改变人类生活方式、提升创造能力的工具的媒体，也是当时唯一横跨科技与东方文化、公社社会理论的刊物。他的雄心是：理解整个世界是怎样运转的，并让它们为自己所用。他认为技术既是社会转型的力量，也可以是文化创作者的工具。正是这一思想，使得他成为了“科技的游吟诗人”和“狂热的科技传道者”。在当时的美国，他被认为是新技术、新趋势的探路者，是现在与未来的连接者，是美国科技界的思想启蒙者，深深影响了包括乔布斯在内的一代美国科技人。在布兰德推荐的“理解完整的系统”的一份书单中，《道德经》赫然在列。他还在最后一期《全球目录》杂志的封面上，向《道德经》致敬。这个封面设计是这样的：上方是一弯新月和一点星光，下面是一条乡间小道，当中是“Stay Hungry, Stay Foolish”。这句话后来成为乔布斯的座右铭，也成为时下很多中国年轻人的座右铭，但很少有人能翻译好这句话。实际上，这句话是“和其光，同其尘”翻译过去的。

深受《全球目录》影响的乔布斯从此学会了“用美让灵魂采取行动”。1984 年的“美国春晚”——NFL 职业橄榄球大联盟的年度冠军赛“超级碗”，苹果公司播出了一段 15 秒的广告，名字叫“1984”。这段广告公开场合只放过一次，却成为历史上为数不多的经典广告之一。原因在于，1983 年有一本反威权的畅销书叫《1984》，乔布斯巧妙地借力《1984》讲了一个反技术威权的故事，将自己的理念生动表达了出来。广告的情节是这样的：电影院里几百位穿着西装、光着头的中年男子，面无表情地盯着屏幕，屏幕上一位戴眼镜的老者在那里布道——与其说是布道，不如说是在威胁或者恐吓。这时候，一位活力四射的年轻女士，穿着短裤和背心，手持大锤冲进了影院，直奔大屏幕。在众人还没反应过来之际，挥舞大锤砸向了屏幕。广告到此结束。这个富有创意的广告表达的意思却很直接：苹果要打破 IBM 的垄断，为技术注入人性。

1997 年，刚刚请回乔布斯不久的苹果公司发布了著名的“不同凡想”广告——借着向历史上几位“不同凡想”的名人致敬，巧妙地让他们为苹果做了背书。广告的内容如下：向那些疯狂的家伙们致敬，他们特立独行，他们桀骜不驯，他们惹是生非，他们格格不入，他们用与众不同的眼光看待事物，他们不喜欢墨守成规，他们也不愿安于现状。你可以赞美他们，引用他们，反对他们，质疑他们，颂扬或是诋毁他们，但唯独不能忽视他们。因为他们改变了世界，他们推动了人类的进步。或许他们是别人眼里的疯子，但他们却是我们眼中的天才。因为正是那些疯狂到认为自己能够改变世界的人，改变了世界。而如果没有“不同凡想”的前传“1984”为苹果注入的品牌精神，“不同凡想”未必能不同凡响，因为这一次，乔布斯仍然剑指 IBM——“不同凡想”针对的就是 IBM 的“想”系列 ThinkPad，巧妙地让人们联想到当年的“1984”，并告诉人们苹果坚守初心不忘使命。

乔布斯不仅身体力行，还影响了盖茨。他曾经这样评价盖茨：“如果他拜过佛，他就完全会是个更有想法的人。”盖茨毕竟是智慧的，他现在热衷于公益事业，将从微软赚来的钱用于解决人类面临的健康和环境问题，并从这些社会问题中发现了新商机。从“致虚极”走向“道乃久”到“没身不殆”，自从上世纪六十年代被美国科技界吸收了之后，他们一直在实践，形成了今天的数字经济，并正在影响数字经济的非原住民。

以新加坡星展银行为例，它于 2018 年推出新品牌战略“Live more, Bank less”(“让银行隐形”)，相比较 2006 年推出的“Living, Breathing Asia”(“带动亚洲思维”)的品牌战略，新品牌理念给人的感觉是“知常”。“知常容”，容的是“更简单、更顺畅、轻松易用”的用户体验，从而让银行成为客户生活中自然的组成部分。“容乃公，公乃全”，从 2018 年至今，星展银行先后在新加坡推出了数字化汽车市场、房产市场、电力市场、居家养老服务市场等，客户可以在星展银行平台上买卖汽车、租房、选择供电商和养老服务商。以居家养老服务为例，星展银行向居家养老服务机构开放数据，让老年人和他们的子女可以用信用卡积分兑换居家养老服务。居家养老服务之于星展银行，就像 App 之于智能手机。而我们都知道，智能手机上有一个全心全意为人民服务的操作系统，现在，像星展银行这样的开放银行，也有一个开放的操作系统去“容乃公，公乃全”。

开放银行的概念于 2016 年由英国率先推出，很快就成为全球银行业转型的一股新浪潮。欧洲银行管理局认为，开放银行是“连接两个世界”的一场运动，使客户在其他服务的场景下享受银行服务成为可能，通过彼此的基础设施将银行和非银行机构的创新功能连接起来。

相比较实利的、生动的金融业务，“让银行隐形”，自然是虚文的、安静的。为什么星展银行要从“带动亚洲思维”的“动”转向“让银行隐形”的“静”呢？这是因为仅仅十年之间，时代就实现了一次跃迁。金融危机让西方意识到扩张性增长到头了，开始转向包容性增长。要包容，就一定要“知常”。“带动亚洲思维”，看似“大”“逝”“远”，却和老百姓毛关系都没有，人们看不出和自己有关的意义。星展银行最终还是要“带动亚洲思维”的，但他们从“让银行隐形”切入，这叫“守静笃”“知常容”，也叫“致广大而尽精微”，要连接“广大”和“精微”这两个世界，非“致虚极”不可。

当“广大”和“精微”之间接通之后，一切皆有可能。例如股市，就是试图将“广大”和“精微”打通，只不过，“广大”的市场和“精微”的散户之间夹着所谓的专业人士，被隔断了，但没有这些专业人士又不行。区块链技术出现后，未来的数字货币市场，会将市场和散户直连，一个美好的大图景正向我们涌现而来。可以用市场营销做个类比。市场上任何一个品牌商都想要和消费者直连，但移动互联网出现之前，广告公司和媒体机构夹在当中，“气”被阻断了。现在好了，厂商在市场上直连消费者，涌现无处不在。直播，利用的就是涌现，虽然是牛奶加咖啡式的涌现，但毕竟还是涌现。就如贾浅浅的诗，你不能否认那也是涌现出来的。之所以现在还停留在直播层面，而没能涌现出令人心动的品牌，就在于没有意识到“致虚极”的必要性，因为我们缺少了一次“思想启蒙”。

星巴克董事会名誉主席舒尔茨先生致信习总书记，信中他表达了对中华文化的敬意。这并非客套话，而是发自于内心，因为就连星巴克这样的非科技型企业，同样受益于“致虚极”。它的第三空间的理念，其实是受邻居派克鱼市的影响，派克鱼市的创始人，是一位日裔美国人，叫约翰·横山。

因为第二次世界大战的珍珠港事件，才2岁的约翰·横山及他的全家被关押在加利福尼亚州图利湖的米尼多卡集中营，住在由牲口圈改建的“公寓”达2年之久。从米尼多卡回到西雅图后，因为是日本人的缘故，同住的其他孩子们总是叫他们为“日本猪”或者“日本杂种”。他孩童时代最美好的回忆就是与父亲一起去皮吉特湾钓鱼的时光。中学毕业后，因为没钱上大学，他的第一份正式工作是在杂货店卖农产品。1960年，去了派克鱼摊工作，就是他现在的鱼摊。

1986年，约翰·横山经营了二十年的派克鱼市小鱼摊由于经营失误，公司濒临破产。“这是一个生死抉择，要么游过去，要么沉下去。”这时约翰·横山决定冒险与一个叫吉姆的商业咨询师合作，并确定了以要成为“举世闻名”作为公司的伟大战略构想。怎么样才能“举世闻名”，员工们给出了各种各样的答案，有的说：“如果我们成为了举世闻名的鱼市，我们就应该穿着西服，开着奔驰来鱼铺上班。”最后公司把“举世闻名”定义为“给那些与我们接触的人们带来不同的感受”。“我们的目标不仅仅是为了要成名，而且要以与人们相处融洽、愉快而闻名。”约翰·横山作为老板作出三项承诺：1. 使每位光顾我这里的人都感到他们的生活发生了巨大的变化；2. 对于那些富有创造力的员工，我将赋予他们更多的权力，让他们可以给彼此、给顾客、给社区以及更多人的生活带来改变；3. 我将向人们证明如果赋予员工更多的权力，你将受益无穷。

如果你想建造一条船，不要只是号召人们去搬木头、分工或发号施令，而应该让他们对广阔无垠的大海充满无限的想象。许多企业的老板会花费很多时间教他们的员工如何干好工作，却很少花时间解释工作的重要目标是什么。很多时候，员工们是通过阅读“员工手册”来了解公司的发展目标的。而在派克鱼市，每隔一周公司会召开员工大会，来讨论公司的发展目标。在派克鱼市，每一个新进的员工都必须作出公众承诺：是否忠实于公司的梦想。他必须得详细地告诉老板，为了实现派克鱼市的目标，他打算采取哪些创新的做法。

在派克鱼市，对“做”与“是”有严格的区分，“做”就是要进行计划和采取行动。如果他们把重心放在“与人相处融洽、愉快”上，他们就“是”非常周到的。但如果他们表面上很周到，但考虑的却是自己的利益，那么他们“做”得很周到，但却“是”自私的。“是”是自然而然的一种流露，而“做”却有做秀的成分，是以自我为中心的。

公司的一名鱼贩从《新闻周刊》看到一篇《为了那些小患者》的文章：一名 12 岁的名叫克里斯蒂的女孩被诊断为患有急性白血病，毫无疑问，每一次的化疗过程都是十分痛苦的。“第一周简直就像生活在地狱一样，”她的母亲卡拉回忆道，“她一周什么也没有吃，一直在吐。”克里斯蒂一直在努力幻想着一个好玩的地方，以帮助自己忘掉治疗产生的副作用。克里斯蒂和她的家庭曾经在西雅图生活了一段时间。她最安全、最高兴的娱乐场所就是派克鱼市。这名鱼贩不仅饶有兴趣地阅读了整篇文章，而且还把这篇报道拿给他的同事看，他们决定把鱼市（他们扔鱼的地方）带到明尼阿波利斯给克里斯蒂看。在与航空公司交涉未果后，这两位员工把他们的想法告诉了老板约翰·横山。

约翰·横山开车把他们送到了那里，参加了在明尼阿波利斯儿童医院举办的克里斯蒂的 13 岁生日晚会。她的妈妈卡拉后来说：“我简直不敢相信，她那么惊讶、那么激动。这对她来说太重要了。太令人难以置信了，这两位先生只是因为读了那篇文章就不远千里来到这里为我们做了这一切。”这两位员工实现了公司要与众不同的目标，同时他们不仅给克里斯蒂和她的家庭带来了积极的影响，而且也给医院的员工和明尼苏达、西雅图的市民带来了震撼。

“如果你想建造一条船，不要只是号召人们去搬木头、分工或发号施令，而应该让他们对广阔无垠的大海充满无限的想象。”这就是“致虚极”。在一些中国人的眼里，日本人是不懂道的，不懂道的日本人，何以会“致虚极”？这是因为日本人尊朱熹理学为朱子圣学，经过代代传承，理学思想已经融入了日本的国民性。

读史以明志，知古而鉴今。读的是一部西方现代商业发展史，目的却在于给今天的中国企业以借鉴。我们以规划中的中华智库园长城园区为例。鸟瞰园区内长城及北京城区，南北方向的京城中轴线“龙脉”，垂直于东西方向的长城，恰好呈一横一竖“丁”字形，横平竖直的相交端点即是本园区内万里长城经典城楼玉石楼，直线距离天安门城楼 100 华里。若为北京标记千年历史、万代地理坐标，横竖两条线即可通视京城天地大格局，一条是南北贯通的龙脉中轴线，一条是东西行走的万里长城。中华智库园长城园区正坐落在这个天造人设的大十字架交点上。

问题在于，在左有慕田峪，右有八达岭的情况下，作为商业项目，该长城园区如何让投资人有信心在短期内收回投资呢？而如果只是情怀式的公益化运作，又如何能够契合消费者的需求呢？这就要跳出园区做园区，“致虚极”了。长城具有旅游观光、文化艺术和人文精神等三方面的价值，我们的切入点是人文精神。历代王朝修筑长城的初衷在于军事防御，客观上，无数条生命修成的长城成为了守护农耕文明和北疆经济的生命线。也就是说，静静的长城，是在“用生命守护生命”，正因为此，每当我们看到长城立在那里，内心就会涌现出感动。所以，我们可以将长城的人文精神具象为“用生命守护生命”，并将之作为中华智库园长城园区的核心理念。

有了理念就可以“容”。容什么呢？容“长城食装周”！用长城为“用生命守护生命”的好产品做背书！任何成熟的市场，都是由秀场加卖场组成的，但中国的市场，只有卖场，没有秀场，导致好产品在中国的市场上推得慢已经司空见惯！是时候让长城再次成为守护文明和经济的生命线了！

“长城食装周”是数字化的。其数字化不仅体现在每一场秀都会做直播，更体现在线上和线下的融合发展。它是一个具有公共精神的服务平台，目标是“一场品牌秀，百万服务商”：线下的服务商在数字内容的赋能下，向人们推荐“用生命守护生命”的好产品、好服务，这个时候，他们是蚂蚁雄兵，涌现出来的价值，会反哺平台。

“长城食装周”借鉴纽约时装周、巴黎时装周、伦敦时装周、米兰时装周和戛纳电影节，再借助数字化和中华优秀传统文化，实现对工业化时代的各类秀场的超越。就算用工业化的脑子想一想，你也会发现，所有的食品展和医疗展，都是2B的，没有一个面向C。如此简单清晰的模式，还用得着担心没有人投资吗？

事实上，也未必需要投资人的钱。如今，文化产业面临的问题是传统文化产业要如何“过坎”，即由政府主管主办的、以出版广电等传统媒体为主要载体的传统文化服务体系，如何能向数字化平稳转型；而新兴文化产业则面临要解决“爬坡”的问题，以民间力量为主导、以新兴媒体为主要载体的数字文化产业，如何提高思想文化境界，增强内容支撑，建构起一个全新的文化生态环境。以“用生命守护生命”为价值理念的长城园区，不仅能够为“爬坡过坎”树立一个标杆，为“文化强国”助一臂之力，还能够为当今世界提供可持续发展的生活新典范——“用生命守护生命”，体现的是中华优秀传统文化的精髓。

从安德鲁·卡内基、洛克菲勒到福特基金会，美国建立了一套独特的资助体系，它不断地专业化和理性化。在这一过程中，这些富有的个人、精英俱乐部变成为机构，慈善业演变为政治，产生了一种真正的文化行动。这个大规模的体制依靠的是一套行之有效的税收政策、数以千计的基金会、作为慈善汇集地的非营利机构、成百所大学和一些社群，它们共同维系着一个真正的文化社会。基于此，虽然不存在文化部，文化生活却无处不在。今天的中国，已经出现了曹德旺这样的企业家，以及他用他母亲的名字命名的河仁基金会，还有鲁迅文化基金会。毛主席说：“鲁迅的方向，就是中华民族新文化的方向。”企业家参与文化公益事业，即便不愿意跟着曹董事长，也可以与鲁迅文化基金会合作。而促进文化公益的税收政策，政府已经制定出来了。但美国的富人做公益，是理念先行的。例如卡内基，他小时候很穷，在一位富人的帮助下读了书，改变了人生，他的理念很简单，就是“见贤思齐”。而在他之后，洛克菲勒、福特、盖茨和巴菲特们，都是一个看一个的。这样的传统，我们也有。毛主席年轻的时候受到过李大钊的帮助，我们又都受益于他，理当继承优良传统。

除了长城，还有黄河。黄河是母亲河，如今，黄河母亲来拯救我们了。2–15 岁的小孩群体使用抗生素及化药后破坏并影响了作为免疫屏障的肠道菌群，会加重肝脏解毒负担，并强迫脾脏的免疫应答加强。高强度工作后的脾脏会有一个恢复期，恢复期内免疫应答反应减弱，小孩因使用抗生素及化药导致自身脾和肠道粘膜免疫系统保护力降低，更容易受外界影响感冒发烧，出现干咳。这个时候再次使用抗生素，就会进入恶性循环，导致免疫体系紊乱。慢性疾病的年轻化，根子基本上都在这里。研究表明，人体细胞生命代谢中活性氢离子作为肝胆细胞核心基础营养元素，促进肝胆代谢，增强肝脏解毒功能。但如何获取高含量的有效活性氢离子，一直是个问题。河南境内黄河沿线种植的冬小麦，在立冬后的15–20天内，活性氢离子含量最高。经由低温萃取技术加工而成的冬小麦粉，有效保留了活性氢离子成分。最妙的是，虽然没有添加任何调味剂，无论是小孩还是年轻人，都很爱喝这种冬小麦粉，因为“妈妈的味道”，他们本来就熟悉并喜欢。

而且，它还有一个很可爱的名字，叫“青氢”。“青青子衿，悠悠我心。纵我不往，子宁不嗣音？青青子佩，悠悠我思。纵我不往，子宁不来？挑兮达兮，在城阙兮。一日不见，如三月兮！”青青的是你的衣领，悠悠的是我的心境。纵然我不曾去会你，难道你就此断音信？青青的是你的佩带，悠悠的是我的情怀。纵然我不曾去会你，难道你不能主动来？来来往往张眼望啊，在这高高城楼上啊。一天不见你的面啊，好像已有三月长啊！将来一天不喝青氢，也好像有三月长。

除了长城、黄河、《诗经》这样的大IP，还有无数小IP。例如浙江省丽水市青田县。这里是侨乡，因为地少，青田人历来有出国闯荡的传统。如今，中铁旗下的企业要在那里的山头上建城——给飘落在海外的侨民们建一座康养城。但县委书记坚决践行新发展理念。一座青山好比是一块上好的衣料，好的衣料应该裁剪出漂亮的衣服，让人更有气质！房子建得再多再漂亮，也提升不了青田的气质，何况是改头换面的养老院呢？

解决矛盾的办法还是理念先行。“青”字原先由上“生”下“丹”构成，青田，即“生丹田”。气运丹田，丹田里有气。气势磅礴、气吞山河、气象万千、气贯长虹、气宇轩昂、气定神闲，养浩然正气，全世界只有中国人懂得气。气是生命守护生命的产物，生命力强的人气一定足，生命力强的企业气也一定足。数字化时代，数字就是企业的“气”。血为气之母，气为血之帅，气行血行，没有数字的企业就像是一个气虚的人，需要补气。气从丹田生，数从流量中来。流量即丹田，是一块数字化的田，没有这块田，企业的气就不可能足。这便是“生丹田”的现实意义。

文化不能当饭吃，却可以让饭吃得更香。理念提炼出来后，可以在山顶设计一个现代版的“炼丹炉”。人们看到迪士尼城堡，会联想到“点亮心中奇梦”；青田山顶的“炼丹炉”，会将全世界的青田侨民们联成一张网，由他们带着秀“气”的朋友来相会。

当然，仅有理念和形象，是不够的，还要有自己的内容。刚好，青田不缺少内容，因为那里是刘基（刘伯温）的家乡。刘伯温是中国民间另外一位神一样存在的人物，但很少有人知道他是最后一位事功的理学大儒，受朱熹的影响非常大。在生命的最后时刻，他还在“致虚极”，给儿子留下书信一封，让他在适当的时候交给朱元璋。信的核心内容是“施德政、得民心，可保我朝永命万年”。但他儿子一直没有机会将信给到皇上，即使给了，朱皇上也听不进去的。“怀揣精神北斗，坚定战略方向”，是革命领袖才有的信念，也是理学大儒才有的品质，朱皇上是没有的。

历史因为一位青田人的遗憾而留下了缺憾，在哪里缺的，就从哪里补上，这是“生丹田”的另一层含义。如果我们仔细研究一下地图，会有一个非常有趣的发现。大运河从杭州到北京，长城从山海关经北京延伸到甘肃，长征路线从闽北出发走了一个大 L，最后在甘肃与长城交汇。运河、长城和长征，几乎形成了一个闭环。缺口在哪里呢？就在青田所处的位置上！

内圣外王

与汉唐相比，两宋时代虽然在政治和军事上显得羸弱，但文化上空前繁荣。持共同价值观、道德立场和学术取向的部分宋代儒家，他们对整体的宇宙人生的全幅经验组成有机的一体，有一层朴素的理会，所有基本概念都或多或少予以刻意地表达成内在的、有机的交互串联。这与宋代特定的历史条件有关。社会方面，“隋、唐外竞虽力，而风俗日即于奢淫，士习日趋于卑陋。皇纲一坠，藩镇朋兴，悍将骄兵，宦官盗贼，充塞于唐季、五代之史籍，人群棼乱极矣”，故而收拾人心，修齐治平，成为儒家知识分子的共识。制度方面，北宋自太祖起便重视文治，政治一般出于有学术涵养、有理想抱负的士大夫之手，宽松的政治制度，也为理学的形成与发展提供了条件。文化方面，官办和私立书院得到很大发展，自由讲学的风气一时盛行，书院也因而成为理学发展的依托。

宋代理学家与汉唐儒家不同。汉唐儒家多致力于寻章摘句，解释经典，虽然在整理与保存儒家经典方面贡献颇多，但在学术与思想方面颇为缺乏创造性。而理学家以继三代绝学，挽日下世风，兴仁义道德，正己心人心，开万世太平为己任，穷究天理人性，讲求修身之道。理学家与宋代其他儒家亦有三个明显区别。就仕途而言，理学家往往两栖于学堂与官场，存庙堂之志，而以学堂为主；游离于政治，而对政治不忘。因此，他们与身居庙堂之儒有不同的立场与思考问题的角度。就价值取向而言，理学家更趋向内追求和终极追求。他们对己追求居敬，自诚致明，穷则独善其身，达则兼济天下；对君主规劝其内修圣德，外行善治，主张内圣然后才能外王；而他们的终极追求则希望实现道德完满，以及高尚的人格和圣贤境界，并因这种追求而不与现实妥协。就理论而言，理学家更趋于哲学化。这与他们的价值取向相关联。在向内的追求影响下，他们从事学术探索时都从诚意正心、居敬持正出发，不求闻达，潜心求索；而在终极关怀影响下，他们都试图构建涵盖天象、天理、物理、人性、人心的包罗万象的体系。这也是两宋理学大家都是哲学大家的原因。

宋代理学家，根据《宋史·列传·理学》中所记载，仅包括北宋五子、程氏门人、朱熹、张栻和朱氏门人。这种界定固然有些狭窄，但他们身上确实更突出地体现了两宋理学家的特色，他们之间各具特色的传承、交流和争论也促进了理学的发展。而他们自觉承担着传承道统的重任，在具备当时学术精英的共同特征之余，更有自身特色，那就是，包容创新的魄力、经世济民的抱负，以及对人格圆满的追求、对格物致知的理性思考。

理学家的抱负基本可以用张载的名言概括，即“为天地立心，为生民立命，为往圣继绝学，为万世开太平。”北宋五子中，周敦颐为理学的开山祖，其学混合了道家无为思想和儒家中庸思想，其《太极图说》为理学初期的代表作。邵雍为北宋先天象数学的创立者，思想渊源于道教，把宇宙发生的过程归结为神秘的“象”和“数”的演化过程。张载与二程自觉担负起恢复和继承儒家道统的重任，南宋朱熹更是于大厦将倾之际，力担道义，著述立说，身体力行，以淑后人，力图用理学挽救国家和黎民的命运。而从理学家的理论来看，他们力图承继绝学，复明儒道，主张格物致知、诚意正心乃至修齐治平的儒家内圣外王之道。对心性的追求铸造了他们的高尚品格，对格物的追求成就了他们宇宙本体、物象天理和人心人性无所不包的哲学体系，对内圣外王的推崇则形成了他们独立的立场。

作为二程的四传弟子，朱熹在诸多问题上都与二程保持高度一致，唯独易学思想出现了较大的分歧：二程与邵雍在易学思想上有分歧，朱熹则特别欣赏邵雍，在《周易本义》里，更是把邵雍的《先天图》放在卷首，而他写的另一本《易学启蒙》，更像对邵雍易学的研究之作。

邵雍属于易学中的图书学派，是象数学的承继者。义理派的王弼曾说："言生于象"，"象生于意"。他把"意"比作鱼兔，把"象"比作筌蹄，讲"得鱼忘筌"，"得兔忘蹄"，理解了"意"之后就不需要再去执着于"象"跟"言"了。邵雍则说："有意必有言，有言必有象，有象必有数。数立则象生，象生则言著，言著则意显。象数则筌蹄，言意则鱼兔也。得鱼兔而谓必有筌蹄可也，舍筌蹄而求鱼兔则未见其得也。"他虽然也承认"象数"生于"意"，但反对王弼"得意忘象""得意忘言"的主张。"得意"必然要经由对象数的研究，舍弃象数而不谈，却希望能够"得意"，这是不可能的事。"夫意也者，尽物之性也。言也者，尽物之情也。象也者，尽物之形也。数也者，尽物之体也。"通过意、言、象、数，便可穷尽事物的性、情、形、体，知晓其生、长、收、藏的规律。在邵雍的易学逻辑里，数是最基本的东西，通过推数来明象，进而得到意言，意言就是最终的事物之理，因此他说："天下之数出于理。违乎理，则入于术。世人以数而入于术，故不入于理也。""以数入理"就是邵雍的易学逻辑，他通过研究数来逐步上升，最后认识理。如果像王弼、程颐那样，专注于意言，只是说理，遗失掉了象数，不对象数进行研究，那就等于是从结尾开始了。

打个比方，一个农夫在地里种下两粒种子，很快就长成了两棵树苗。两棵树苗都有宏伟的志向，就是能为农夫结出又甜又大的果子。为了这个目标，它们都拼命地从地下吸收营养。不同的是，第一棵树苗将吸收来的营养用于向下扎根、向上滋润树干，第二棵树苗则将吸收来的营养全都用在了开花上。在它看来，开花结果是树的使命，与其花费冗长的时光生根发芽，不如直接把养分用来开花结果。时光流转，第一棵树由于身强体壮、养分充足，结出了又大又甜的果实。第二棵树却因过早地开花，养分不足渐渐枯萎。邵雍担心过分强调“得意忘象”，人们就会像寓言中的第二棵树苗。所以他主张用象数“推天道以明人事”。虽然邵雍说的象数并非我们今天说的物理和数学，但是他的思路，和今天的我们用科学来明人事，是一样的。

易学图书学派除了以邵雍为代表的《先天图》学，还有以周敦颐为代表的《太极图说》学和以刘牧为代表的《河图》《洛书》学。南宋乾道年间，朱熹为周敦颐《太极图说》作注，即流传于后世的《太极图说解》。初稿完成后，分别寄给南宋时期的两位大儒吕祖谦和张栻。不久，吕祖谦将自己的意见寄给朱熹，之后双方书信不辍。朱熹后来在《太极图说辩》中举出了时人对他的几种质疑：或谓不当以继善成性分阴阳，或谓不当以太极阴阳分道器，或谓不当以仁义中正分体用，或谓不当言一物各具一太极。又有谓体用一源，不可言体立而后用行者；又有谓仁为统体，不可偏指为阳动者；又有谓仁义中正之分，不当反其类者。第二、三个“或谓”即为吕祖谦所提，两个“又谓”也与吕有关。意味着吕祖谦的质疑对朱熹来说，是相当强的挑战。从双方互动的结果看，吕祖谦关于《太极图说解》初稿的质疑，至少给朱熹的相关论述带来三个比较大的变化。

其一，对“理一分殊”这一专门术语用法进行了限制。在初稿中，朱熹将太极与阴阳五行的关系说成是“理一分殊”，吕祖谦认为，此术语不当用于此。在朱熹之后的文集中，确实再找不到另一处。“理一分殊”本是程颐对张载《西铭》万物一体而又各有分责的意涵所做的理论概括，朱熹将之扩展到表述一般的理与个别的理的关系，并以“月印万川”为喻。理归理，气归气，正是因为“分殊”指的是具体的事物或具体的理，所以不可以被用来指代阴阳五行之气。

其二，吕祖谦侧重于太极的“浑全”意涵，故而在朱熹强调“各一其性，则各具一太极”，“一物各具一太极”时，表达了自己的不安。朱熹并不否认“浑全”之意，于是在后来的论述中说：“浑然太极之全体，无不各具于一物之中”，又说：“统体一太极也，一物各具一太极。”从总、分两面对太极进行了表述，使太极说更为周全。

其三，吕祖谦以“静”为中正仁义的“用之源”的说法，以及将“元”包四德与“仁”包四端的用法，对朱熹的仁义中正分体用之说的最终定型起到了促成作用。朱熹一开始以“中”与“仁”为静时，尚未察觉此说与仁属阳的观点抵牾。而根据吕氏“静者用之源”的说法，朱熹可以直接得出中、仁为体，正、义为用的结论，也与他“生生之体则仁也”的说法契合，故而朱熹有理由坚持己说。后来吕祖谦以仁包四端来强调统体之意，表示仁、义不可分截开来。朱熹顺势借用其论证，说“全体”之仁属于“人生而静”的面向，与处于“感物而动之际”的“义”刚好构成动静、阴阳、体用、宾主关系。到此处，阴静、阳动与体、用已经可以直接勾联起来，而朱熹以仁为静为体、义为动为用的说法，与以仁为阳、义为阴的说法之间矛盾，暴露得更加明显了。在后续争论中，吕祖谦所列举的“元”与“仁”的关系，更促使朱熹发现仁体义用说的矛盾。当我们以“元”包含“元亨利贞”四德，以“仁”包含“仁义礼智”四端时，“元”与“仁”可以在某种意义上等价。那么，“元”属于阳动还是阴静呢？周敦颐在他写的《通书》中有“元、亨，诚之通；利、贞，诚之复”的说法，朱熹初稿以为，“动而生阳，诚之通也”，“静而生阴，诚之复也”，则“元”应属“动而阳”，“仁”亦然。吕祖谦说“元”和“仁”都是“专言则包四者”的，朱熹沿袭此说，称此“全体”之仁“未离乎静者而言之”，试图坚持初稿中的立场，但与初稿中以“元”为动而阳的说法抵牾。故而在最终的定稿中，他以“行”言中，以“发”

言仁，而以“处”言正，以“裁”言义，使中、仁相对于正、义而言具有“动”的属性，调整了初稿中不协调之处。在《太极图说辩》中，他还将四德与仁义中正相匹配：然仁者，善之长也；中者，嘉之会也；义者，利之宜也；正者，贞之体也。而元亨者，诚之通也；利贞者，诚之复也。是则安得为无体用之分哉！元亨利贞四德分别与仁中义正等价，此时仁、中为动而阳，乃诚之通；义、正为静而阴，乃诚之复。此时，仁不再为统体之仁，中也不再为未发之中，故而中可以为用，而仁可以不为体。仁义、中正虽分体用，但体、用的所指却颠倒过来，将抵牾之处抹平了。吕祖谦关于“静者用之源”的论述，以及他将元亨利贞与仁义礼智相匹配的做法，在客观上都有助于朱熹体用观的完善。当体与静、阴，用与动、阳建立起直观联系，而且这种联系越来越清晰时，初稿中的纰漏被朱熹发现是迟早的事，这才是朱熹调整观点的主要原因。也就是说，通过与吕祖谦的往复辩论，朱熹明晰了以阴静的内容为体，而以阳动的内容为用的立场，不再因袭程颐仁体义用之说，而转用适合《太极图说》的义体仁用之说。

所以说，与吕祖谦的辩论过程，对朱熹《太极图说解》的完成具有重要意义。两个人之间的对话，很像爱因斯坦和爱丁顿之间的对话，如果没有爱丁顿，爱因斯坦可能就不会是爱因斯坦。当然，爱丁顿对爱因斯坦的帮助在于实测，他通过观测日全食时太阳附近星体的位置，证实了相对论。但理学大儒们讨论的问题，直到科学昌明的今天，也没法实测。

虽然不能够用科学的方法实测，但理学家们绝对不是坐而论道的。毛主席在《人的正确思想是从哪里来的？》这篇短文中写道：无数客观外界的现象通过人的眼、耳、鼻、舌、身这五个器官反映到自己的头脑中来，开始是感性认识。这种感性认识的材料积累多了，就会产生一个飞跃，变成了理性认识，这就是思想。理学家的思想，是来自于实践的。

以朱熹为例，乾道四年，为了革除旧仓储赈济制度与青苗法之弊，更有利于防灾救荒，朱熹以历代仓制与青苗法的经验作为借鉴，在福建路崇安县境建起了第一所社仓。当时，建宁府一带大饥，他一面请县府救济，同时劝豪民发藏粟以赈之。至秋，灾民喜获丰收，于是如数归还官府赈米六百石。随之，朱熹即以此设仓于社，藏粮于乡，以备饥歉。此后，社仓法不断改进，日益完备。文天祥指出："社仓之法，阜陵下之四方，而周人委积之意，复续于二千岁之后文公请也。"黄宗羲也说："乾道四年，建州饥，先生请于府，贷粟散给，民多免死。社仓之法始此。"朱熹更明确指出："乾道四年，建人大饥，熹请于官，始作社仓于崇安县之开耀乡。"经过十四年的实践后，朱熹详奏条规，请诏天下。随后，各建社仓之州县，皆仿朱子法设仓于社，并经孝宗特谕成为一种定制，形成了一整套系统的设置和管理方法。

朱熹相当重视社仓地点的选择，有两个最基本的原则：一是必须建立在"社"，以便社民就近贷还；二是因地制宜，不侵占耕地。从他所有关于社仓的文章来看，他主张民众贷还仓米应是"无远劳之患"。另外，他还鉴于当时农民少地的情况，主张建仓不应侵占耕地、加重农民负担。他认为："所谓社仓者，聚可食之物，于乡井荒闲之处而主之。"因此，他主张建仓要因地制宜、因陋就简，方便实用，以减少百姓、官府支钱做仓的负担，用祠堂、寺庵、书院等闲散公房为仓。

当时仓粮的来源，主要有官府贷米、富豪义捐、百姓筹集、或靠专有仓田收租备粮等多种形式。朱熹办的第一个社仓就是以县府借贷的六百斛官米为本而创设的。特别是淳熙八年孝宗下诏令诸州县建立社仓后，许多富户、贡士大量献米，兴办社仓。同时，也有一些地方是依靠乡民自己筹集。

对于社仓的管理，朱熹确立了一套较为完善的管理办法。对社仓粮米收支手续及其秩序、安全防守，甚至对仓房及其用具的修理、使用等都有较明确的规定。据《社仓事目》载：他在吸取青苗法“其职之也，以官吏而不以乡人士君子”的教训的同时，规定每一社仓必须选一名品行端正而家中稍殷实的人为社首，收支时“务要均平，不得循私容情，别生奸弊”。开仓须由仓子负责，有社首和社副的监督，其他人不得开仓或入仓。关于贷还办法，朱熹克服了青苗法“其行之也，以聚敛亟疾之意，而不以惨怛忠利之心”的弊病，对支贷、赈济的对象、数量、时间及其偿还办法等都作了详细而合理的规定。贷还皆以实物计。支贷数量由自己呈报的人口而定，大人一石，小孩减半。荒年酌情增加。官吏一律不得勉强多借或少贷。赈济支贷的对象是既明确，又具体，强调的是接济贫穷农民。至于支贷时间，规定每年借贷一次，“逐年五月下旬，新陈未接之际，预于四月上旬申府乞依例给贷”。若支发不时，须予以批评或惩处。归还时出息二分，若遇小饥，准减一半，大饥则可全免。如“收到息米十倍本米之数，即送元米还官，却将息米敛散，每石只收耗米三升”。若是本米由富豪义捐，社民义聚，就不收息米。可见，此法条制清楚，责任分明；且借贷者负担轻而实惠。

朱熹社仓法与王安石青苗法相比，青苗法动机虽好，实施却有问题。第一，青苗法的贷款是金钱而不是实物，而当青黄不接时与丰收时物价差别很大；第二，青苗法是自上而下的国家强制行为，它的实施者是国家官吏，而不是民众推举出的有公信度的人；第三，王安石整个新法的目的是国家聚天下之财，青苗法也为此而服务。

社仓法也取百分之二十的利率，这和青苗法相同，但社仓法“小饥则驰半息”，大饥干脆不收息，这和青苗法不顾农民的实际情况强行收取利息不同。而且，社仓法规定借贷和还贷都以实物，因此不受“钱重物轻”的影响，避免让农民负担额外的利息。更重要的一点在于，社仓法虽然是自上而下的设计，实施的过程却是自下而上——由社民自行管理。社民选举出品行端正的人为社首和社副，作为责任人，接受每一个社民的监督，政府和官吏不得插手社仓事宜，免除了“吏缘为奸”之弊。社仓粮源初期由乡绅担保向义仓借来，等于是把义仓里的“死米”变成了“活米”，之后再由丰年社民还贷的米积累。

朱熹设计的社仓法，其中理、常、容、公、全、天、道，一个不缺，宋元战争前一直运行良好，直到清朝康熙年间，还有人效仿。与后世被丑化、被脸谱化的腐儒形象不同，朱熹不仅是治学严谨的理学家，还是个精明强悍的行政人员，也是一个管理经济的高手，朱熹当时就以善于理财而闻名于世。他最早为宋孝宗所知，不是因为他的道德文章，而是他干练的吏才。杨万里举荐朱熹，有一句评语“临事过于果锐”，说的是朱熹做事过于雷厉风行。就连毛主席也曾经用朱熹的吏才教育过领导干部。

至于吕祖谦，世界上最早凭实际观测而得的物候记录由他所做。物候学是研究周期性生物现象，并服务于农业生产的科学。而物候是随地而异的现象，南北寒暑不同，同一物候出现的时节可相差很远。古代科学技术落后，劳动人民只能将各种物候现象编成歌诀进行传咏，并编成物候历以根据物候变化安排生产。作为人类最早产生的原始历法，物候历最大的缺点就是口口相传，未形成理论。因此，各朝编写历法时，历法官没将物候历写进历法。吕祖谦所记《庚子·辛丑日记》，有南宋淳熙七年和八年（1180—1181 年）两年金华（婺州）实测记录，载有腊梅、桃、李、梅、杏、紫荆、海棠、兰、竹、豆蓼、芙蓉、莲、菊、蜀葵、萱草等 24 种植物开花结果的物候和春莺初到、秋虫初鸣的时间。世界上别的国家没有保存有 15 世纪以前实测的物候记录。日本樱花记录始于唐，但只樱花而已，不及其余，而吕祖谦记录的物候多到 24 种植物的开花结果和鸟、虫的初鸣。

这部世界上最早的物候实测专著，其实是理学大儒吕祖谦的临终日记。年轻时候的吕祖谦在做官、著书、讲学之余，对各种物候现象产生兴趣。通过细心观察，他认为物候现象与时令有着必然的联系；但随着地势的不同，同一物候出现的时节也不尽相同。比如，山里的桃花一般比平原的开得迟些，这便是白居易诗句“人间四月芳菲尽，山寺桃花始盛开”的原理所在。除了桃花开外，还有哪些自然现象与时令、地势有关呢？年轻的吕祖谦希望以后空闲之时，能详细观察、记录并研究这些现象。可惜，这个愿望一直没实现。或许是天妒英才，厄运接踵而至。10 年不到，父母双亲、两位妻子、一双儿女相继离开人间，自此，吕祖谦疾病缠身。

生命的最后 20 个月常年病痛折磨，让他形销骨立；内心的痛苦，在脸上显露无遗。他感觉自己时日不多，但还有许多事没做。这时，想起年轻时记录并研究物候的愿望。他很清楚，研究物候是没办法了，记录还有可能；记下来，再参照物候历进行修订，形成理论，以供历法官选用。

怀着这样美好的心愿，右腿几乎风瘫的吕祖谦，在金华老家用心观察并记录着各种物候现象。阳春三月，他拄着拐杖，在桃林中仔细观察，然后回屋记下“惊蛰三日，鸤鸠晴和桃杏盛开”的语句，他终于知道了，桃花盛开是金华地区惊蛰到来的标志。炎炎夏日，他常常独自静坐果园，一坐就是半天，只为记下李树等植物开花结果的生长过程；金秋时节，他带着纸和笔，住进农家，向老猎人和老农们打听秋虫鸣叫的时间，有时甚至与他们一起，悄悄钻进草丛里听虫子鸣叫；严冬之际，他每天蹒跚步行十余里，只为去富户的大花园里，观察腊梅花开花落的情景。日复一日，寒来暑往，吕祖谦往返于房子和野外，用心观察着，仔细记录着。次年农历七月二十八日，一部凝聚着吕祖谦临终心血的日记体典籍《庚子·辛丑日记》终于完成。从头年正月初一到初稿完成，前后共 588 天近 20 个月。此书除了记录金华地区杏树、桃树、海棠、菊花等 20 多种植物开花的时间和具体状态外，还详细记录了首次听到春禽或秋虫鸣叫的情况。次日（公历 9 月 9 日），一代理学大儒吕祖谦因病逝世，享年 45 岁。

吕祖谦逝世后，其临终绝笔《庚子·辛丑日记》受到世人认可。朱熹为其写跋时称，吕祖谦病中记物候日记，无一日间断，“至于气候之暄凉，草木之荣悴，亦必谨焉”。20 世纪 60 年代，气象学家、地理学家竺可桢认真记录各种物候现象并创立现代物候学时，对《庚子·辛丑日记》颇为推崇，多次在文章中提到此书对现代物候学的影响。在竺可桢的身体力行和号召下，不但物候学在农业服务等方面得到长足发展，《庚子·辛丑日记》也得到科学界的关注。

然而，南宋时期毕竟面临着日益严重的北方少数民族的威胁，理学家的主观动机固然在于提高社会政治生活的质量，但是，性命义理毕竟改变不了两宋以来弱鸡般的表现，于是，为了回应富国强兵的社会主题，便产生了以陈亮、叶适为代表的浙东功利主义学派，他们基于现实，对当时颇具影响力的朱熹理学提出挑战，从而引发了两宋以来最为重要的一次思想论争。

陈亮与朱熹的交往，中间的引荐人是吕祖谦。然而淳熙五年（1178 年），“朱陈之辩”即已初露端倪，那时陈亮曾上书孝宗皇帝，陈述自己对当时儒者的不满。1181 年，吕祖谦病逝，陈亮在祭文中又拓展了自己的反理学思想：“孝梯忠信常不足以趋天下之变，而材术辩智常不足以定天下之经。”淳熙九年（1182 年）的《壬寅朱元晦书》中陈亮直接对朱熹提出："度外之功，岂可以论说而致！"并在送给朱熹的文章中严厉指陈道："使汉唐之义不足以接三代之统绪，而谓三四百年之基业可以智力而扶持者，皆后世儒者之论也。世儒之论不破，则圣人之道无时而明，天下之乱无时而息矣。"

"朱陈之辩"真正开始，则是因陈亮的一次蒙冤入狱。淳熙十一年（1184年）春，陈亮因受诬陷而入狱近百日，朱熹闻讯后，并未设法营救，直到陈亮获释后，才修书一封，借机对其进行规劝。对于朱熹的规劝，陈亮自然不予接受，便复信辩论。你来我往，三年之辩，由此肇始。

综观朱、陈三年的往来书信，这场辩论的焦点是关于王霸的分界标准和政治品分的依据，而这一争论焦点的引出，则是因于二人对三代和汉唐的评价。朱熹认为陈亮之所以"推尊汉唐""贬抑三代"，其实质是在宣扬"王霸并用，义利双行"之说。进而，朱陈之辩便由对三代、汉唐的评价转向"王霸、义利"之争。陈亮认为王道、霸道本自为一，行王用霸，王霸杂用，都因具体统治而定，"公欲恶者，王者之赏罚也"，"执赏罚以驱天下者，霸者之术也"。对于义利，陈亮则尖锐地指出："禹无功，何以成六府？乾无利，何以具四德？"自古以来，义理就包含在实际的事功之中。陈亮指出："诸儒自处者曰义、曰王，汉唐做得成者曰利、曰霸，一头自如此说，一头自如彼做，说得虽甚好，做得亦不恶：如此是'义利双行、王霸并用'，如亮之说，却是直上直下，只有一个头颅做得成耳！"认为"杂霸者，其道固本于王也。"可见，在陈亮的思想中，王与霸、义与利是一体的。王就在于最大限度地实现霸，霸根基于王；义，就是最恰当地满足利；利，则是义的具体表现。

可见，以朱熹为集大成者的理学家，辨别政治善恶的主要依据是主观动机，而不是客观的事功，认为王霸之别"在心不在迹"。而以陈亮为代表的浙东学派，则是主张以现实的功绩来评述过去的历史以及时政的是非，“功到成处，便有德，事到济处，便是有理。”

对于朱陈二者的争辩，学者们大多倾向于陈亮，认为朱熹的理论是误国误民的，而陈亮的功利思想则是能予以国家很大裨益的。然而，仔细看来，在陈亮的理论中有一定的模糊性，缺乏基本概念的界定。拿他所讲的“利”而言，并没有指出具体所指，是民众的公共利益呢，还是指个人的私利。因此，陈亮的理论一旦被广泛地接纳并付诸实践，则很难制止那种群起而争利、见利忘义现象的发生。故而对此朱熹曾担忧地讲:“江西之学（指陆学）只是禅，浙学却专功利。禅学，后来学者摸索一上，无可摸索，自会转去。若功利，则学者习之，便可见效，此意甚可忧。”可见，朱熹的思虑是不乏远见性的。另外，就陈亮所讲的“霸”来看，由于缺乏必要的界定，容易让人理解为只要成就了事业就达到了“王”，对于成“王”道路上的其他，则一概可以忽略。这种思想无疑为现实的暴君统治提供了理论的合法性。

现在，回首再看朱熹的理论，虽然存在着陈亮所指陈的弊病，但是从朱熹的出发点来讲，他是想在事功之外建立一个用于价值判断的理性标准。他曾对此阐述说:“敛然于规矩准绳，不敢走作之中，而其自任以天下之重者，虽责、育莫能夺也。”可见，朱熹的理论代表了中国传统思想之中极具价值的理性精神。

如果说陈亮对理学的批判还处于层面，叶适则把南宋浙东功利主义学派的反理学思潮推到理论化和系统化的程度，他对程朱理学的正统地位提出质疑，否认了程朱所持之道来自于孔子的说教，这样叶适就从理学的根基上否定了程朱理学的儒学正统地位，使浙东功利之学与程朱理学的论争达到了一个前所未有的高度。但是，如果从学理价值上审视叶适的观点，就可以看出他之所以对程朱的“道统论”大加否定，无非是要在学理和师承上，为自己的功利思想找到一个完美的支点，使其理论具有一个合理的内核，并没有弄清“道统”学说的真正意义。然而，道德观念的真正价值来自于提出和确定它的思想家们的思想中的理性精神，而不是它所传递的权威意识。

时光流逝，陈亮、叶适的时代虽说已经离我们越来越久远，但是他们留给我们的思绪，并没有因为时代的消逝，而被历史尘封。尤其是“王霸义利”与“内圣外王”。透过朱熹、陈亮的“王霸义利”之争，不禁使人们对“内圣外王”这一为儒家一直传倡的内在心性修养之路，加以重新的审视。究竟何为“内圣”，何为“外王”，通过研读儒学经典就可以知晓。所谓“内圣”“外王”，实质是儒家人生理想的两极：“内圣”是要使人通过一心向善、自觉修养、持之以恒，达到自身道德修为的理想境界；而“外王”则是在“内圣”的基础上实现“内圣”的外部彰显，是一种以德性修为而展开的德治之最高境界。在儒家思想中，“内圣”和“外王”是具有逻辑传承的，即“内圣”达到一定程度必然要彰显于外，在事业上登峰造极，实现“外王”。反过来讲，“外王”的实现，必然要有“内圣”作为其内在的基奠。陈亮、朱熹的分歧不是在儒家“内圣”“外王”的两种境界上，而是在这两种境界的内部传承上，即“外王”是由“内圣”推引出，还是其本身就是与“内圣”并列、不存在逻辑先后的。陈亮、叶适走的是一条“王霸一元、义利并举”之路，致使朱熹一再地告诫要以“纯儒之道自律”。

今天自然不能够用威权要求人们以“纯儒之道自律”，却可以用科学来讲“理”：“外王”是随着熵增而增加的复杂性，“内圣”是涌现。涌现必然要彰显于外；复杂性的增加，一定要以涌现作为其内在的基奠。“外王”就是义与利，“内圣”就是价值理念。

工业化时代以我为主，比拼肌肉，导致霸道盛行；数字化时代，商业将遵循宇宙法则，比拼智慧，王道回归，是必然。以市场营销为例，早期的市场营销，所有的沟通都是单向的——从企业到顾客。在将近 50 年的时间内，市场营销学的核心思想是："产品的品牌是由该产品的生产商所拥有，而品牌的形象是由相关广告的广告公司创造和设计的。顺理成章，掌管品牌的权利掌握在生产商手中，而广告是建立品牌策略的一个重要因素。"这套理论体系是美国当时那个年代的产物。在早期，当商品刚刚可以开始被大批量生产的时候，一些多余的产品有可能分销到外地，但是生产商无法真正了解消费者的需求。那时候对于日常消费者而言，直接接触的只有零售商，于是产品和消费者之间的关系成为零售商的专有，一个杂货店老板了解他的客人需要什么。当大量生产和大量分销成为一种普遍的企业经营模式之后，依靠店主个人对消费者的了解而进行销售的行为逐渐消失。生产商开始认识到和顾客多一些直接接触有助于他们预测顾客对产品的需求，同时也可以有效建立顾客对自己品牌的忠诚度。另外，零售商的意见将会成为顾客喜好的基本依据，因为厂商没有太多其他方法去收集客户的资料了。再加上全国范围的广播电视节目中投放广告，就形成了成功品牌在建立自己品牌过程中通用的手法。尽管这个手法中，几乎没有和顾客的面对面的接触机会，但是这个简单的模式带来的影响却是异常大的。几十年来，广告成为电视和广播受众的免费娱乐节目。另外广告还让报纸和杂志的价格保持在很低的水平。作为回报，低价也使广告拥有了大量的受众和惊人的渗透能力。有一些广告巧妙地使用各种技巧建立起与消费者之间的感性联系。而品牌经理的主要职责之一就是和广告公司一起设计创造更新更好的广告。在那个时候，生产商对整个品牌拥有绝对的控制权，而消费者的消费习惯在某种程度上是相似的，因为大家的生活模式具有共性。这就给霸道提供了土壤。

进入互联网时代，年轻一代的消费者不再是传统品牌系统所服务的那些消费者，他们分化出不同的背景、关系、品味、需求和兴趣，随之而来的是依托互联网的个性化营销年代。这个时候品牌的权利从生产商手中转移到了不同的消费者群体之中，而新一代的消费者更喜欢依靠感觉生活，在他们的头脑中固守着一个标准，那就是只要某些东西感觉很好又不会伤害到别人，那么这个事物就可以被接受，尽管这个事物也许和社会大多数人的观点和品味格格不入，他们也不去理会。年轻一代只需要根据他们自己的实际状况做出一些决定，而不必理会这个决定是否符合道德或伦理的标准，他们会自己决定怎样去相信一个产品，而那些广告休想蒙蔽他们。新一代的消费者在被广告狂轰滥炸的同时，也在承受着资讯的紧密包围。在这样的情境下，操纵品牌发展的权利渐渐从生产商手中滑向消费者一边。优秀的品牌形象设计都是从消费者的角度出发考虑的。比如有一个品牌的靴子，他们不强调生产商的过人之处，也没有说他们有关的竞争排位，相反，他们直接讲述当消费者穿着这双靴子时候的感觉如何。

今天，随着大众的觉醒，那些践行社会和环境友好的运营方式的品牌开始成为赢家。每个品牌都要做出承诺。过去，品牌承诺便利、效用、风格、速度、风味、低成本、质量工程、吸引力、幸福或奢侈等基本利益。随着时间的推移以及技术进入生活的方方面面，品牌赋予人们更多的个人能力，比如创造力、想象力、创新力、沟通、欢乐和合作。现在，人们重视和喜爱的品牌是：不仅让我们更聪明，而且让我们更有智慧；赋予我们解决最苦难挑战的能力；让我们帮助其他人成长；帮助我们保持身心健康；保护我们的人身、财务和环境安全；消除分裂和冲突；赋予我们让世界更美丽、更快乐、更友好的能力；为分享提供便利；帮助我们节约能源和资源；让我们更亲近自然；引导我们去往鼓舞人心的地方、遇见激发灵感的人和物；深化我们之间的联系而不会危害隐私；展露人性中最好的一面。变化的不仅是品牌承诺，消费者理解和信仰的基本原则也发生了变化。在理智和情感收益的固有基础上，现在又加入了对个人能动作用、自我和社会赋权，以及积极的社会和环境影响的压倒一切的需求。仅靠鼓动对产品的需要是不够的，重要的是用理念吸引人们参与某些更宏大的命题，让品牌具有个人意义。

要做到让品牌具有个人意义，品牌商需要将价值观与战略联系起来形成品牌，将价值观转化为品牌精神，再将品牌精神转化为新产品、有效的沟通和一线销售策略。而帮助企业将信仰的价值观、发展目标和计划等不同理念和元素组织起来的工具，被称为“品牌宪章”。想象一个球体，就像地球，地心深处有强大的引力，地表上则是蓬勃生长、彼此联系的万事万物。这个球体就是品牌整体，由一系列有意义的层级构成。内核是企业的价值观和信仰。价值观的外面一层是企业的使命与目标。这是除了赚钱之外企业存在的理由，即品牌理念、品牌精神。使命与目标外面的一层是企业对与之互动的各利益攸关方的承诺，即品牌承诺。球体最外面一层是战略，即企业如何兑现自己的承诺，它随着外部运营环境而改变，突破性技术、顾客需求和其他外部因素的变化，都会带来它的改变。这就是“内圣外王”在新商业中的生动体现。

例如迪士尼、红牛和强生，是活跃在不同领域内的三家美国公司，但都在数字化时代，演化成为了内圣外王。迪士尼的内圣，即核心价值观，是“快乐”；红牛的价值观是“活力”；强生的价值观是“关爱”。三家公司基于不同的价值观，形成了不同的使命与目标，以及品牌承诺。迪士尼的承诺是“带你去梦幻乐园”，“点亮心中奇梦”，红牛的承诺是“你的能量超乎你想象”，强生的承诺是“关爱全世界，关注每个人”，每一个承诺，都让你的内心暖暖的，而那就是涌现。至于战略，三家公司都在数字化到来之时构筑了数字内容服务平台。迪士尼自不待言，它就是靠内容起家的。强生婴儿内容平台已然是妈妈们的最爱。至于红牛，它已经成为了一家传媒公司——买断了由它赞助的赛事的数字内容发行权，顺带卖卖饮料。

当前，国内正在提倡服务贸易。迪士尼、红牛和强生，做的是数字内容服务贸易，属于服务贸易的范畴。数字内容服务贸易，也可以简称为数字贸易。服务贸易也好，数字贸易也罢，贸易是外王，要以内圣为基奠。服务就是内圣，而有一种服务，是理念先行的数字内容服务。顺便说一下，数字贸易是做鞋子的人做的互联网，电子商务是穿鞋子的人做的互联网。做鞋子的是一定要穿鞋的，穿鞋子的人却未必会做鞋。而理念只能是在做的过程中才会涌现出来的。

诚者命之道

我们已经知道，虽然熵和涌现能解释可以生存和演化、并有着目标和渴望的集体结构，却不能对复杂结构的出现做出保证。它不仅不能保证有着目标和渴望的个人在没有目标和渴望的集体中会涌现出复杂结构，也不能保证有着目标和渴望的集体一定能涌现出复杂结构。也就是说，即使一家企业有着动人的理念，企业内每个人都付出用心，企业也未必能涌现出复杂结构。只有“存在跨越长距离的效应”，才能确保复杂结构的出现。

“大曰逝，逝曰远，远曰反。”按照老子的理论，道具有逝、远、反的特征。逝和远对应于时间箭头；反，是返回本源，本源即微观。跨越长距离的效应，就是宏观返回来和微观交流。直觉告诉我们，能不能反，在于通还是不通。

朱熹在《太极图说解》中写道：诚者，圣人之本，物之终始，而命之道也。其动也，诚之通也，继之者善，万物之所资以始也；其静也，诚之复也，成之者性，万物各正其性命也。动极而静，静极复动，一动一静，互为其根，命之所以流行而不已也；动而生阳，静而生阴，分阴分阳，两仪立焉，分之所以一定而不移也。

“诚者命之道”，命之道是道的子集，所以，对于命之道，老子说的“反者道之动”等价于“反者诚之动”。“其动也，诚之通也，继之者善，万物之所资以始也。”诚之动即诚之通，“反者诚之动”即“反者诚之通”，意味着理学的“通”和道家的“反”，在有关“命”的问题上，说的是一回事。这样一来，无论是“反”“动”还是“通”，都以“诚”为体。即，能不能返回本源，宏观和微观之间能不能通，取决于诚。这和我们生活实践和社会实践中的经验是一致的。如果领导不够诚，他喊出来的愿景和使命，你一个无欲无求的小老百姓，会和他通、和他来电吗？避犹不及呢！

科学研究方面，物理学家劳克林针对量子霍尔效应提出的虚拟磁通量的思想实验，像极了《太极图说解》中对“诚”的描述：劳克林想象电子沿着一个像结婚戒指一样的有着平坦边缘的导电环运动，一个磁场垂直于环的表面。但是劳克林还添加了一条虚拟的磁场线（称为一个磁通量），像手指穿过戒指一样穿过环的中心。增加虚拟磁通量，就会诱导产生绕环流动的电流，从而引入经典霍尔效应中的纵向电流。这个过程，被命名为劳克林量子泵浦，虚拟磁通量每增加一个“通量量子”，泵浦就完成一个循环。每个循环结束后，量子系统就会回到它的初态。

他因此与另外两位科学家共同获得了 1998 年的诺贝尔物理学奖。

乾道五年（1169 年）秋，朱熹应好友詹仪之之邀与张栻、吕祖谦等人一起到淳安的瀛山书院讲学。瀛山书院内可仰观瀛山耸秀，俯瞰方塘云影，而瀛山书院堂构之精华、学风之浓厚和詹氏家藏典籍之丰裕，常使人倍增兴致。朱熹为这里的美景和詹氏家族浓郁的文化气息所吸引。这天一大早，朱熹又在方塘边的得源亭里读起詹氏的藏书。朱熹一边读书思考，一边观赏着方塘美景。瀛溪两岸，柳风竹影，清澈的源头活水，源源不断地注入方塘，方塘澄波似镜。朱熹感慨着这大自然赐予的灵秀和美景，似乎彻悟到了什么。回想着这么多年来，上下求索，学无止境，而今鸢飞鱼跃，深深融入理学的瀚海之中。由此，朱熹豁然贯通，临流触发，即兴而赋成千古绝唱《题方塘诗》：半亩方塘一鉴开，天光云影共徘徊。问渠哪得清如许？为有源头活水来。随后几天，朱熹对这首诗又进行了反复思考和吟咏，对它的寓意又有了更为深层次的理解。他认为“天光云影”“源头活水”，就是“即物穷理”“格物致知”——通过“今日格一物，明日格一物”的不断积累产生“豁达”的知识扩展，才能真正把握“天理”，实现人的完美。为此，朱熹又把《题方塘诗》改为《观书有感》，即所谓“因为《题方塘诗》以见志”，这就是朱熹的“方塘悟道”。“格物致知”是“增加虚拟磁通量”；“即物穷理”是“产生绕环流动的电流”。“虚拟磁通量”是存在，“绕环流动的电流”是思维，《观书有感》实际上是诗意的“我思故我在”。

然而，在民智未开的年代，朱熹理学却被统治者利用，统治者以其臆想之“理”为准则，让老百姓被“理”折磨。例如明清两代极端倡导贞节观念，非但夫死守节成了天理，未嫁夫死，也要尽节，偶为男子调戏也要寻死。总之，女子的生命紧紧维系在贞节上，稍有变故，就要以死全节。清代的儒道学者们连看见唐人文章里有公主改嫁的话，也不免勃然大怒。距离淳安不远的古徽州一带的贞节牌坊，便为我们留下了这样一道“风景”：女人在家中守“活寡”，男人在扬州养“瘦马”。由于统治者要利用徽商赚钱，便用臆想出来的“理”替徽商们稳住大后方，而徽商聚集地的扬州，却盛行“瘦马”。明清时期的儒者李贽、戴震等纷纷向理学发难，针对的就是当时社会上出现的这种以“理”杀人的现象。他们的心情可以理解，但错不在理学。原子弹也会被恐怖分子利用，能说是爱因斯坦的错吗？如果说理学有什么错，也只能说这个“理”太过于抽象，以至于现如今的科学家还不得不借助思想实验来解释。但是，正如马克思所言：“凡是把理论导致神秘主义的神秘的东西都能在人的实践中以及对这个实践的理解中得到合理的解决。”今天，借由新商业实践，我们可以很容易地讲“理”了。谁再想用“理”来折磨人，也是不可能的了。因为你说到做不到，我马上可以用脚去投票。

试想，喊出“让银行隐形”的星展银行，如果它言行不一致，会不会弄巧成拙呢？与互联网金融相比，开放银行为线下的商业生态场景赋能，既要共享数据、算法和交易，又要共享流程和其他业务功能，为商业生态系统的客户、第三方开发者、供应商和其他合作伙伴提供服务。而基于业务流程的服务，涉及领域知识和行业诀窍等众多“隐性知识”，是以扎实的线下业务为基础在时间中沉淀下来的。再比如荷兰合作银行，这是一家专注于农业领域的合作制银行，1898 年由荷兰农民发起成立。经过 100 多年的发展已经成为全球农业和食品行业的领袖银行。自成立以来，荷兰合作银行持之以恒地为覆盖整个农业产业链的企业提供资金、知识和专业网络，处在全球农业行业的核心地位，荷兰 40% 的食品和农业产业链从荷兰合作银行取得融资。国土面积很小的荷兰其农产品出口量居全球第二，仅次于美国，荷兰合作银行在其中发挥了很大作用。此外，它还和全球的联盟银行共同为亚非拉超过200万农户提供资金。荷兰合作银行在100多年的历史中积累了大量信息和数据，并从中获得了大量行业洞见。例如它在全球15个办公室聘用了80位研究专家，研究覆盖整个农业价值链。同时，荷兰合作银行以建立圆桌会议形式，强化业内专业权威地位，它参与多个全球可持续性生产圆桌会议，包括GRSB（牛肉）、4-C协会（咖啡）、RSPO（棕榈油）、RTRS（大豆）和Bonsucro（糖）等。在专业基础上，荷兰合作银行开创了多种针对性的创新，如偿还金额与农业季节性挂钩的农业贷款；又如创设了农村经理制度，在40多个农业产业聚集地安排了100多名农村经理，向农户提供金融之外的农业知识和解决方案。在广泛聚集的金融资源和行业资讯的基础上，荷兰合作银行提出了“全球农场”的理念，借助大数据、人工智能等数字技术，打造“全球农场”在线平台，从社群、在线工具和信息三方面服务和赋能会员农场主。其中工具部分聚焦土壤地图、市场分析等最贴近农场主生产决策的洞察。目前“全球农场”已经吸引了全球超过6000家农场入会。

还有乔布斯。当他喊出“为科技注入人性”之后，他不仅要始终注意言行一致，还要能够在出现失误的时候力挽狂澜——人毕竟不是神，不可能不犯错，你给人家的期望越高，一不小心跌下来也会更惨。从iPhone4经历的一场公关危机，我们可以看出“诚”对于苹果的“命”究竟起到了多大的作用。

北京时间2010年6月8日凌晨，美国Moscone West会展中心，黑色毛衣蓝色牛仔裤的乔布斯迈步登上舞台。整整45秒，由于观众一阵阵掌声和口哨，他都没办法说出一句完整的开场白。这是苹果历史上最为盛大的手机发布会。5200张门票，只用了8天，就被来自57个不同国家的粉丝抢购一空。此前的苹果发布会门票，往往一个多月才能卖完。为了这款 iPhone 4，乔布斯也是耗尽心血：极简风取代拟物风，玻璃 + 金属取代塑料拼接，不再坚持 3.5 英寸屏幕，自己定制处理器……发布会现场，乔布斯每公布一项创新，就引来一阵欢呼。这其中，最让乔布斯骄傲的就是天线的设计。他用一贯高调的语气描述："把不锈钢带用于手机的天线系统，这是近似天才的工业设计。" 16 天后，6 月 24 日，这款被称为苹果历史上"最具有划时代意义"的手机，在纽约第五大道的苹果旗舰店全球售卖。iPhone 4 开售 3 天就创造了 170 万台的销量奇迹，也成为苹果进军全球手机市场的代表作。中国国内大多数"果粉"，也是通过这款手机才开始认识苹果和乔布斯。

然而就在开售当天，陆续有媒体接到举报称：iPhone 4 的天线有问题。此前因泄露 iPhone 4 谍照而遭到苹果封杀的著名科技网站 Gizmodo，此时更是积极收集大量用户提供的视频证据。6 月 25 日，有苹果的忠实粉丝给乔布斯发邮件，提醒乔布斯："我很喜欢这款手机，但是一握住手机两侧的金属缝，信号就没了。请问能解决吗？" 两个小时后，乔布斯回复了："你不要这样拿着手机，换个方式。" 这般"甩锅"，粉丝不干了，扭头把料捅给了媒体。消息一出，就连之前拥护苹果和乔布斯的媒体也纷纷倒戈。当代科技史上著名的公关危机"天线门"由此爆发。"封闭、自我、傲慢、霸道、蛮横……" 评论家们极尽所能罗列贬义词汇，来形容乔布斯和苹果。苹果赶忙发布公开信，但只是又把乔布斯的话"描"了一遍："任何手机被握住，都会影响天线信号。如果遇到这样的情况，手持时应避免遮住金属片之间的黑条。" 同时，苹果还官方解释 iPhone 4 的信号接收问题是软件问题，并承诺几周后随着 IOS4.0.1 升级，问题就能解决。然而危机持续发酵。到了 7 月初，美国《消费者报告》经过一系列严格实验证实：iPhone 4 的天线信号问题，并不属于软件范畴。并且不推荐消费者购买。这成为危机事件的分水岭。此前，“天线门”只停留在口水战层面；此后，苹果的销量直接受到影响。

事情闹得这般沸沸扬扬时，乔布斯正在夏威夷和妻儿一起度假。苹果公司董事会成员亚瑟·莱文斯一个电话接一个电话打过去汇报此事。乔布斯自信手机没有任何问题，并坚信是谷歌和摩托罗拉在作怪。谷歌是苹果手机系统方面的对手，摩托罗拉是当时手机霸主。苹果的迅猛增长，确实给二者带来了威胁。“他们想打倒苹果。”乔布斯丢下一句话。亚瑟·莱文斯提醒乔布斯公众认为苹果傲慢，也想侧面提醒他谦虚一点：“要不我们看看到底是不是有问题？”乔布斯很不高兴，又丢下一句话：“去他的，这事根本不值得费这么大功夫。”“他内心深处认为，自己绝不可能像那些实用主义者一样犯明显的错误。”亚瑟·莱文斯了解乔布斯，他表示：“如果乔布斯认为自己是对的，他就没有想过质疑自己。”

“天线门”继续发酵，苹果高管们轮番上阵，劝说乔布斯正面解决此事，却都被乔布斯否决。如果说《消费者报告》的调研将“天线门”上升为事故，彭博社的报道则将此事升级为“企业信用”级别的灾难。7 月 14 日，彭博社打入苹果内部挖出猛料——“工程师在 iPhone 4 设计之初就曾警告乔布斯，这种天线设计不可靠”。当天苹果股价下跌超过 4%。苹果“重臣”蒂姆·库克也沉不住气了，他很严肃地对乔布斯说：“有人认为苹果将成为另一个微软，自满又傲慢。”谁也不知道当时乔布斯的心里经历了什么。但一番考虑后，他的态度终于发生了改变：“让我们把这个事情弄个水落石出。”

乔布斯不太相信《消费者报告》的数据。等拿到从 AT&T（美国电话电报公司）收集到的关于信号丢失的数据后，他意识到：实际情况没有媒体声讨得那么严重，但是，苹果的天线信号的确出了问题。在设计iPhone 4时，设计总监乔尼·艾弗强烈的设计欲望与物理学基本法就产生了不可调和的矛盾——金属不宜放在天线附近。物理学家法拉第早已证实，电磁波无法穿透金属，遇到金属会绕开。因此，当金属外壳完全包裹手机时，会形成“法拉第笼”，轻则信号减弱，重则没有信号。因此当人手握到iPhone 4的天线缝隙时，手和金属形成通路，“法拉第笼”就形成了。有工程师曾提出在钢圈外部喷上涂层，防止该问题出现。但乔尼·艾弗认为，这会影响拉丝金属的外观，削弱设计的纯粹性。一番调查后，乔布斯也终于彻底意识到，发布会上他曾引以为豪的天线设计，确实出现了一个“很低级”的bug。然而这并不是追责的时候。如何解决眼下这场公关危机，才是重中之重。

“我准备从夏威夷回来处理天线问题，需要你的意见。”回公司前，乔布斯打了几通电话，从30年前麦金塔创始团队中召集了几个信得过的“聪明人”。公关老手里吉斯·麦肯纳是乔布斯打电话联系的第一个人。到场7人中，数他最沉着。乔布斯还不忘把正在读高中的儿子也带回公司参加会议，并告诉儿子：“这两天你能学到的东西比在商学院两年的都多……你将和世界上最优秀的人共处一室，看看一切是如何运作的。”

在这个内部会议上，出现了两派分歧。做广告出身的詹姆斯·文森特等人主张乔布斯要公开表态，并且要表现得更有歉意一些。最沉着的里吉斯·麦肯纳却强烈反对：“不要夹着尾巴召开发布会！”“我不认为让乔布斯表现得谦卑一些就能解决问题。”“只需要摆出事实和数据，不要表现得傲慢和狂妄，但要坚定和自信。”众人把选择抛给了乔布斯。摆在乔布斯面前的路并不多：要么道歉，要么不道歉。如果选择道歉，如何道歉，如何善后，还都是问题。如果选择不道歉，洪水般的舆论会不会继续加码、把苹果撕碎？像苹果这样全球数一数二的大公司，在舆论场中，一般都更倾向于谨小慎微。

在2010年遭遇公关危机，乔布斯和苹果也并不孤独。那年2月28日，丰田开始在华召回天津工厂生产的多功能车RAV4，召回原因是极端条件下“油门踏板可能会有阻滞”。这并不是丰田首次召回，2004年以来，丰田就因“电动车窗开关零件缺陷”等“小毛病”在全球各地发起数十次召回，每次动辄数十、上百万辆。面对舆论质疑，丰田社长丰田章男主张“质量比数量更重要”，不仅丰田官方坦然认错，社长还带着高管，在全球各地开发布会进行堪称“殿堂级”的巡回道歉。丰田的勇气和诚恳，获得广泛好评。然而丰田“全球第一汽车品牌”的美誉度却大打折扣。一项“你是否还会购买丰田汽车”的网上调查中，1万人中，73%的人投票表示不购买。

丰田事件后，惠普“蟑螂门”又很快成为热点。央视在2010年3·15晚会上对两款惠普笔记本电脑的大规模质量问题进行了报道，惠普公司客户体验管理专员袁明对产品的故障原因回应称，中国学生宿舍的蟑螂太恐怖，质量问题是因为脏乱的使用环境。针对“蟑螂门”，惠普官方不回应，不道歉，不承认自己的质量问题；承诺的召回，也迟迟不见动作。一系列的“不作为”，让惠普在中国市场口碑直线下降。

道歉，不道歉，路似乎都走不通。2010年7月17日，轮到了乔布斯和苹果的抉择时刻。针对“天线门”的简短发布会，在苹果公司的礼堂举行。乔布斯最终采纳了里吉斯·麦肯纳的建议：不道歉。不过当天的发布会，他还是一反常态地低调。乔布斯承认了iPhone 4的天线确实存在问题，并承诺尽力改正。但他并没有承诺召回已经售出的手机。当时iPhone 4的存货已经售罄，候选名单也已经排到两三周之后。要全部召回，很难实现。即使实现了，也可能重蹈丰田覆辙。乔布斯选择了将其他手机商家“拉下水”，表示其他手机也都存在这样的问题，这是整个行业的挑战。发布会上，他还说了4句简短有力、却让人无法辩驳的短句：“我们不完美。手机不完美。我们都知道这一点。但我们想让用户满意。”

乔布斯因此表示，如果有用户不满意，可以全额退款，也可以免费获得苹果提供的Bumper胶套——只要用胶套隔绝手和金属的直接接触，信号就基本正常了。对于已经购买胶套的用户，苹果予以补偿。也就是说，在把同行都“拉下水”之后，乔布斯承认了“手机不完美”这一不争的事实；然后，又给出了“我们想让用户满意”的解决方案。乔布斯成功地将炮火转移了。发布会后，被乔布斯会上点名的企业除了言语回击，也相继通过第三方机构发布自家手机天线的信号问题。媒体舆论也被“带偏”，为追求公允，也从集中攻击苹果转移到对各个手机厂家的调查中去了。漫画家斯科特·亚当斯本来已经准备好画一幅幽默漫画，“一部一拿到手里就不能使用的手机”。可当知道所有手机都面临这样的问题后，亚当斯笑称：“幽默的机会也就随之溜走了。”

几天后，这位漫画家发了一篇博客讲述此事，惊叹乔布斯“占据制高点的举动”。乔布斯看到文章后，还转发给了很多朋友。“通过一场大胆的表演，乔布斯向人们展示了他的坚定、正义以及无辜，成功地回避了问题，消除了批评。”知名媒体观察家迈克尔·沃尔夫对乔布斯的表现如此赞叹。最终，iPhone 4的退货率只有1.7%，还不到其他手机品牌日常退货率的1/3。并且，发售后的一整年，iPhone 4都是市面上最畅销的智能手机。

不道歉，不召回；承认自己不完美，并做出对于“不完美”的善后；同时转移舆论攻击，保住品牌尊严和市场。因此，苹果“天线门”被全球众多公关公司当成了危机公关的成功典范。然而，这是搞公关的用他们的脑子做的解读。站在乔布斯的角度，“不完美”这句话，不是脑子想出来的，而是涌现出来的，否则人们就不会和他“通”，出现涌现，产生共鸣。在那一刻，“科技的游吟诗人”在乔布斯内心曾经播下的种子，一定在大规模地并行工作。这就是诚。“诚者，圣人之本，物之始终，而命之道也。”如果不是因为诚，苹果的命就不保；即使保住了，也不可能像今天这样辉煌灿烂。

甚至，为守住一个诚字，他会放弃自己的生命来守护苹果的命。2009 年初，乔布斯被查出肝硬化晚期，医生建议进行肝移植，以挽救他的生命。但等待肝源是要排队的，他被排在 6 个星期之后。有人建议乔布斯花钱插队，乔布斯却吃惊地说：“这怎么行？那不是违法了吗？我的生命和大家的生命是一样的，大家只能按照顺序来排队。”结果 6 个星期后，乔布斯进行了肝移植，但由于等待时间太长，其时癌细胞已经转移，只延长了乔布斯 2 年多生命。其实，这未必说明乔布斯的品格有多么高尚，因为他这样的选择，是“为己”的。他为改变而生，一辈子都在为人性而奋斗，于他而言，守住一致性，即诚，确实比保命更重要。

这个时代，技术赋予了我们莫大的能力去塑造我们的世界，无论这种改变是好是坏，而在任何合理的估计中，我们现在看到的只是这些相关改变的萌芽。从人机交互到探索星际，我们将要面对的各种道德问题都是我们祖先当时不曾考虑过的。唯一能确保我们在熵增的过程中保持并继续增加复杂度的，就是“诚”——“诚者，圣人之本，物之终始，而命之道也。”

建造自动驾驶汽车的工程师已经开始意识到，他们要编写的软件必须能解决某些情况下的电车难题，不克服这个难题，自动驾驶就难以行得通，因为这是个关乎“命之道”的大问题。

做回开心小孩：童心天真意义永恒

苦境

卢梭说得好，“人类正因为从孩子长起，所以人类才有救”。事实上，没有所谓的大人，只有长皱了的小孩。以学习为例。当一个刚学步的小孩的手碰到取暖器时，他就学会了“烫”这个词的意义；他同时也学会了以后对所有类似的取暖器要当心；他会以一种不会马上就遗忘的、有意义的和投入的方式保留所学到的内容。这不仅仅是一种增长知识的学习，而且是一种与个人各部分经验都融合在一起的学习；不仅仅是涉及事实累积的学习，而且是一种使个体的行为、态度、个性以及在未来选择行动方针时发生重大变化的学习。我们称之为“意义驱动的主动学习”，简称“意义学习”。而进入学校后的孩子，他们的学习收缩成了一种“在颈部以上发生”的学习。这种学习不涉及感情或个人意义，与完整的人无关。

“在颈部以上发生”的学习固然是“惟认知学习为要”的现代教育的悲剧之一，问题的根源却在于人自己。当人们还在读圣贤书的时候，明代大儒李贽就已经在《童心说》中写道：儿童，是人生的开始；童心，是心灵的本源。心灵的本源怎么可以遗失呢！那么，童心为什么会贸然失落呢？在人的启蒙时期，通过耳闻目睹会获得大量的感性知识，长大之后，又学到更多的理性知识，而这些后天得来的感性的闻见和理性的道理一经入主人的心灵之后，童心也就失落了。久而久之，所得的道理、闻见日益增多，所能感知、觉察的范围也日益扩大，从而又明白美名是好的，就千方百计地去发扬光大；知道恶名是丑的，便挖空心思地来遮盖掩饰，这样一来，童心也就不复存在了。人的闻见、道理，都是通过多读书、多明理才获得的。可是，古代的圣贤又何尝不是读书识理的人呢！关键在于，圣人们不读书时，童心自然存而不失，纵使多读书，他们也能守护童心，不使失落。绝不像那班书生，反会因为比旁人多读书识理而壅塞了自己的童心。在李贽看来，童心，实质上是真心，如果认为不该有童心，就是以为不该有真心。所谓童心，其实是人在最初未受外界任何干扰时一颗毫无造作、绝对真诚的本心，即天生的真心。如果失掉童心，便是失掉真心；失去真心，也就失去了做一个真人的资格。而人一旦不以真诚为本，就永远丧失了本来应该具备的完整的人格。

宋儒的初衷是用理帮人们守住真心，实现思维与存在同一，到了明清却事与愿违。当我们开始“用合的目的造成分的后果”，同一时期的西方却开始“用分的方法造成分的后果”。例如笛卡尔，他从怀疑论出发推导出著名的“我思故我在”。他的逻辑是：我怀疑一切事物的存在时，我却不用怀疑我本身的思想，因为此时我唯一可以确定的事就是我自己思想的存在。他认为这是个自明的道理。所以我至少知道怀疑的主体是我，因而我存在也不被怀疑。又因为我存在，所以又有许多事必须存在，所以上帝不能欺骗我，外界的假相都变成真相。这种怀疑方法的提出，奠定了西方理性哲学的基础。以至于就连西方诗人描写花，也是笛卡尔式的：墙上的花，我把你从裂缝中拔下；握在掌中，拿到此处，连根带花，小小的花，如果我能了解你是什么，一切一切，连根带花，我就能够知道神是什么，人是什么。这位诗人叫丁尼生，可能不是一个典型的西方诗人，却代表了西方人的思维："连根带花"从墙的裂缝中拔出，花一定会死去，但他怀疑论下的好奇心必须满足，就如同西医一样，他要把花活体解剖、还原。

而我们的王阳明与朋友同游，友人指着岩中花树问道："天下无心外之物，如此花树在深山中自开自落，于我心亦何相关？"王阳明回答说："你未看此花时，此花与汝同归于寂；你既来看此花，则此花颜色一时明白起来，便知此花不在你心外。"他的意思是，深山中的花没有一点想引人注意的意念，然而，当你看它的时候，它是多么温柔，多么灿烂！正是它的美，在人的心里跳动着一种情感，并唤起了人的赞叹。同样，喜马拉雅山脉可以激起人的庄严敬畏，太平洋的波涛可以引起人的无限之感，都是"你既来看此山、此海，则此山的庄严、此海的无限一时明白起来"。明白，是涌现而来的。

很显然，王阳明和丁尼生的思维是不同的，一个是涌现式的，一个是还原式的。童心壅塞了之后，要用还原法分析原因，但还原是手段，涌现才是目的。没有还原是万万不能的，但还原不是万能的。正如没有钱是万万不能的，但钱不是万能的。接下来，我们先用西方理性还原——用分的方法发现并打破边界；再用东方理性涌现——重建边界。何为边界呢？让你恐惧、贪婪和说谎的，就是你的边界。也就是说，任何的不真实，就是边界。余生有限，世界很大，一旦迷失，回来很难。再难，也得用分的方法达到合的目的，做回开心小孩——百依百顺的孩子，谁不喜欢呢？但他只顺从自己。

人的自我意识约在两岁到五岁间第一次呈现出来，体现为小孩开始用肯定词“我”。对自我的肯定意含着自我同非我的区分和分别。然而，自我的肯定也意含着自我本身的分叉：自我肯定包含着肯定者与被肯定者。肯定者做出肯定自己的行为，被肯定者将一个存在着的事实呈现自己面前。自我的察觉与肯定是自我所做的一个行为，却又是交到自我面前的一个事实。作为主体——肯定者的这个自我，在时序上并不比作为客体——被肯定者的自我为先。自我意识一旦产生，即刻就有自我，而当有了自我，即刻它已经是客体与主体，是主动者与被交给事实者。它是活泼、主动的主体，具有自由与责任，同时它又是一个消极的、被给予的客体，是被注定的、命定的，而没有责任的。这是在自我意识中的自我的永久本性和结构，可以说是被限制的主体性。

这个主体性虽然是受限制的，但仍然是主体性。由于是一个主体，自我察觉到自己，并具有自己。再者，由于是一个主体，它就遭遇到并认知到他人的主体亦同样察觉并具有他们自己，因此它可以学习如何去控制和训练自己，使自己成为一个中心人物。

作为一个主体，自我可以在友谊、悲悯与爱中从自己走出来，参与他人的主体性。同时，作为一个主体，它可以有语言，并享受意义，可以发问、疑惑和了解，可以反省、估价和判断，可以领会、造假和利用工具，可以做决定和执行决定，可以工作，可以创造，经由某种客体或行为来表达它自己——事实上，唯有由于它是主体，它才能具有客体。

然而，正由于作为一个主体，自我发现自己的主体性只不过是受限制的主体性。作为主体，它虽然可有自由超越它自己和它世界的任何一个层面，它作为一个自我却没有自由超越它的“主体——客体”的对立结构。即使它是一个超越者，它仍旧同被它超越的东西相连。作为主体的自我，永远都同作为客体的自己以及它的世界相束缚在一起。

自我不但是客体依赖的和客体限制的，还是客体阻碍的。作为自我，它永不能以充分和真实的个体性来同它自己接触，了解或具有它自己。它若想做这种企图，则它只能退得更远。自我不断从它自己逃开，因此它只能变得像是一个客体。正是在它具有自己中，它不具有自己。而正如它对自己的察觉一样，它对世界的察觉与具有也是“具有又不具有”。

正是这种“主体——客体”的二分法，构成了自我在自我意识中的矛盾：它在自己之内被分区划界，而却不能支持或实现其自我；它被限制在它所属的世界中，又被从这个世界隔断；它具有它自己和世界，又不具有它自己和它的世界。在它的主体性中它永不是纯粹的主体，在它的自由中永不绝对自由。

由于我们的所爱昭示着我们是谁，我们可以通过夫妻关系来理解“主体——客体”的矛盾。妻子深爱着丈夫，丈夫便是妻子自我的投射。当妻子操持家务却感受不到夫贵妻荣（丈夫不能支持或实现其自我），或是在家庭生活中受到某种限制，或是不具有、不能支配丈夫，她就会时不时地爆发。反过来，一个正常的人对不熟悉的人总是一副好脾气，就是因为他的自我不依赖于那个人，那个人也没有限制或者阻碍他的自我。我们又不熟，当然脾气好。

所以，他人不是地狱，你自己才是地狱。为了救赎自己，自我意识中的自我必须“做”自己。于是，有人会满足于“做某种东西”，主体在其自我发现的任务中将它的客体图像认作了是它自己，经由这种客体图像，它希望既证明它自己，又可以得到他人的承认与赞赏，这样一来，自我就很可能把这种受限制的、有限的客体图像认作是它全部的自己，以及它最终的意义；有人会走出来，以献身于爱、理想和某种任务来表现它自己，但仍束缚于和依赖于它借之表示其自身的那个客体——所爱的人、艺术工作、理想和职业等；而一些受了苦痛的人会接受并坚强面对消极面，努力地“活”，并认为自己是它存在的一切责任的背负者，然而，它忘掉就以一个客体而言，它是被动的、被限制的，不可能成为命运的主宰；与之相反的是意图避免或否认处境的消极面，满足于“有得做”“有得玩”，然而，消遣性的兴趣与满足只能维持片断时间，之后便会寻求加强这些行为的浓度；最后，还有一部分人会选择“不做自己”，走向宗教崇拜，以讽嘲的态度，对习俗的奴性屈服，心理上向婴儿期未觉醒的依赖状态退返，或直接精神分裂，无论哪种方式，都选择了放弃自己。

综上，不论是决心、接受、逃避或放弃，自我意图处理它内含的冲突矛盾，都会不断面临着崩溃的威胁，它的解决法充其量只是暂时的、片面的，而有时陷入虚妄幻象和虚无毁灭中。当然，上述各种方式并不是单独出现的。在实际生活中，通常是数种混合，而程度各有不同。例如对孩子使用“语言暴力”，就是混合式的。人的痛苦都是自找的，却总把自己的责任赖在最亲近的人身上，将负面情绪发泄在孩子身上，这样的做法，无疑会对孩子的情绪造成伤害，加速童心的失落。美国密歇根大学的 Ethan Kross 博士一项实验发现：情绪受损和身体疼痛在人类大脑区域反应极为相似。意味着如果一个人伤心到“心碎”，那么他的神经系统可能真的体验到“心碎”级别的疼痛。父母对着孩子吼叫的时候，孩子情绪经历的痛苦，和身体受伤时的疼痛程度不分上下。大吼大叫，就像一把尖锐的无形之剑，把孩子里里外外伤了个彻底。幸福的人用童年治愈一生，不幸的人用一生治愈童年。

不论是积极的或消极的，负责任的或不负责任的，深刻的或肤浅的，都是来自自我最基本的渴望，就是在自我内在与外在的疏离、隔离、冲突、矛盾中，想去发现、实现、真正认知、回返和充分去成为并具有自我以及自我的世界。其实，儒家用一句话就能讲明白自我问题：“天地之道，可一言而尽也。其为物不贰，则其生物不测。”这里的不贰就是真诚，不测是多得不可估量的意思。主客二分，思维和存在分裂，真诚的童心不在了，就贰了；贰了之后，就不能“生物不测”了。这个时候，要借助禅来实现“以思维与存在的异质性为基础的思维与存在的同一性”。很有可能王阳明就是这个思路。但禅始于六世纪。

安心

南朝诗人鲍照在他的《拟行路难·其四》中写道：泻水置平地，各自东西南北流。人生亦有命，安能行叹复坐愁？酌酒以自宽，举杯断绝歌路难。心非木石岂无感？吞声踯躅不敢言。诗人运用以“水”喻人的比兴手法，将流向“东西南北”不同方位的“水”比作社会生活中高低贵贱不同处境的人。“水”的流向，是地势造成的；人的处境，是门第决定的。门第就像巨石围成的框，框住了本自具足的王，出身门第不好的人，只能“行叹复坐愁”，就连唱歌都如鲠在喉，“吞声踯躅不敢言”。

大家可不要小看这位鲍照，他是李白和杜甫的共同偶像，他的诗，深深地影响了后来者。然而，连这样的人都会因为发展受限而没法安住此心，可见那个时候的自我问题是何等严重。虽然相隔 1500 多年，但问题的本质都是因为“不好好吃饭”。南朝人宗炳就说，周公、孔子两位老人家没出过国，没有见过独目三首、马闲狗蹄、穿胸旁口的人，没有见过不灰之木、不热之火、火浣之布、切玉之刀，也没有见过西羌、鲜卑、林邑、庸蜀的异俗，“周孔之述，盖于蛮触之域”，怎么可以说儒家就一家独大地代表了中国传统呢？儒家固然不能一家独大，它也从来没想过要一家独大，它只是饭，和菜一起，为心供能，让心有个归属。但如果光吃菜不吃饭，就会生病，就得吃药。能够帮那个时代的人们安心的药，也能帮到现在的人归来——回归来时的家园。区别在于，对于人生困境，那时的人们有问题意识，现在的人们却似乎麻木不仁。

当时一个叫神光的人，因想要安心而求教于达摩。但达摩盘腿面壁而坐，并不接见这位造访者。神光则由于深度的不安而到处拜访。最后，有一夜天降大雪，神光却仍然站在外面，及至天亮时，雪已及膝。达摩受了感动，问神光何以如此。神光眼含泪水，请求大师帮助他受困扰的生命。达摩说这条道路有不可忍受的困难，包含着极大的考验，是缺乏毅力与决心的人所不能达到的。听了这话，神光把他带着的一把利刃拿出来，斩断了左臂。这时达摩才收他为徒，并给取名为慧可。

这个故事很可能是传说性的，但其中却包含着象征的意义，可以帮助我们对禅有所了解。在这个故事中我们最先注意到的是不安到几乎发狂地步的神光自我寻求老师。禅师就似乎是在等待着一个寻求他的人走向他。但即使这时，他仍旧不立即给予承认，而是刺探求问者的真诚与否。当禅师确定了求问者的真诚性，即刻开诚地承认与接受。不论这个故事的历史可靠性有多少，使得禅宗真正开始的，都是对人生困境的寻求解答。如果没有这种寻求的欲望，则访遍无数庙宇，盘腿沉思几十年，参见千万禅师，仍旧只落个学禅的空名。因为禅既不是任何客观上可让人学习的东西，也不提供此种东西。它既不是心理学、宗教、哲学、历史、社会学，又不是某种文化。禅宗的唯一组成成分是人自己的具体生命和存在，是它的基本冲突矛盾与不完整，而且，这个生命与存在不仅是有着愿望，并且真正地去寻求和谐与实现。任何人，如果以禅之名却不求解决内含于生命中的困境，则不论他如何自称“正统”，都不是真正的禅。

慧可被达摩收为徒之后，他的心仍然不安，恳求师父为他安心。达摩的反应如何呢？他可没有像心理医生那样潜入慧可的往日——他个人的历史、他的父母、他的童年，以及他何时开始感觉不安，以及它的原因、征候，以及周遭环境等等，也没有探索慧可的当前情况——他的职业、婚姻状况和他的梦，并加以解释。达摩的回答是："把心拿来，我为你安！"达摩和自他以后的禅师都了解到，并非心（自我）有了难题，而是心（自我）本身是一个难题。把那受苦者本身指明出来，你就得安。即直指自我意识中的自我之主客二元结构的冲突矛盾，克服内在和外在的裂隙——这裂隙将自我同它自己以及它的世界分隔。到了六祖慧能，他更是简单明了地指出"本来无一物，何处惹尘埃？"所以禅又被称作是"训练心上的功夫"，禅说的"空"，就是打破主客二元结构，让心容得下一切。禅的世界，不再是自己被自己分区划界，不再是自己被自己限制于它所属的世界，而是像星空一样，将整个世界乃至宇宙都装进自己。"让朋友包容你，你要包容朋友"，"让老婆包容你，你要包容老婆"，"让世界包容你，你要包容世界"，这就是禅。儒家是训练思维，将思维装进存在；禅是心上的功夫，直接用存在包容思维。

为了帮助人们去领会那不能用一般理性去理解的东西，也就是说，去领会那些超乎主客二分结构的东西，训练心上的功夫，禅师们发明了"公案"。在禅师的应用下，公案会产生两个作用：一是穿入深处，唤起那自我意识中的自我之深藏的关怀；二是激醒这基本的愿望，同时又使得它们有适当的方向。

在较早时期，向禅师来求教的人通常都是由自身的体验而感受到生存问题的人，他们已经被某种实存的、逼人的困惑所激动了。然而，通常他们的问题都是还没有探入最深处。问题虽然已经发生了，但既不知它们的根源，又不知它们真正的性质，因此就没有一个确切的形式，易于被隐蔽或扭曲。虽然强烈而认真，这种渴望和追求常常还是盲目的、散乱的，需要正确的奠基与指导。在这种时期，当学生面对禅师的时候，常常遭受到不可抗御的挑战："把你的心拿来！""来的是什么东西？""什么是父母生你以前的本来面目？""你死了以后烧成灰，散尽了，你在哪里？"这些公案没有提供任何可以当作客体去了解与掌握的东西。假如学生想把它客体化，在细心而明敏的禅师面前，会立刻受到不留情面的回拒。

公案唯一确切的内容是争扰不休的自我本身。对于公案的真诚寻求"解决"，是分裂的自我寻求自己的重合与实现。而发展到后期，可以看出公案就像今天商学院的案例，明显是设计出来的。例如：刺史陆亘大夫问南泉普愿禅师："古人用瓶子将鹅养在里边，鹅渐长大，出不了瓶子，现在不能损坏瓶子，也不能把鹅杀生死，和尚有什么办法让这个鹅出来呢？"南泉普愿禅师叫了一声"大夫"，陆亘就应了一声，南泉普愿禅师接着说"出也"。陆亘大夫从此开悟，礼谢南泉和尚。其实，瓶中养鹅这个问题本身，就是公案里养鹅的那个瓶子；而所有研究鹅是怎么从瓶子里出来的人，就是瓶子里的鹅。广大无住的自我，却像瓶子里的鹅一样，被瓶子所束缚。所以南泉禅师叫了一声"大夫"，陆亘应了一声，从研究这个问题出来时，便恍然大悟。

再比如，有一位知事大人巡视他管辖的一座寺庙，住持领他看各种遗物。当他们走到一个屋子，见到挂着以前各任住持像时，知事指着其中一个问："这是谁？"住持说："故住持。"知事第二个问题是："这是他的像，人在何处？"住持无法回答，但知事坚持问，住持十分为难，因为弟子中找不到一个可以使知事满意的人。最后他想到了最近来到寺庙里的一个奇怪的云水和尚，这个和尚把大部分闲余时间用来清扫庙院，使它井然有序。

他找来和尚介绍给知事，知事恭敬地说："贵僧，你是否可以为我解惑呢？"和尚说："你的问题是什么？"知事把问题又说了一遍："这是故住持的像，但是人在何处？"和尚立刻大叫："大人！"知事答："在此，贵僧！""他在哪里？"和尚就这样回答了问题。

整体关联

今天的人们物质生活丰富，却依然未能离苦得乐。好在，我们无需再透过公案训练心上的功夫，自六祖慧能开始，砍柴挑水皆是禅。在他之后，诗人和画家又分别引禅入诗和引禅入画。而为了训练心上的功夫，禅不反对任何的借助，剑道、插花、舞蹈、茶艺和绘画，等等，都可以借助。还有射箭，射箭并非射箭，而是将箭射向了自己，为的是调伏内心。

然而，这些训练心上的功夫的方法，虽然融入了古人的生活，却很难融入现代人的生活。例如，"小罐茶"广告和"茶颜悦色"门店中的"茶艺"，怎么能和"禅茶一味"联系上呢？

但是"物极必反"，"反"出来一个乔布斯，他"引禅入商"，让我们从此以后可以在商业中习禅，在商业中把箭射向自己，调伏内心。这就是由他开创的用户思维。工业化时代的客户思维，把客户当上帝；数字化时代的用户思维，把用户当粉丝，你把用户当粉丝，你就是偶像。正如你把老婆当皇后，你就是皇帝。

通过华老师写的《移动营销管理》，我们已经了解了移动时代的四大底层逻辑，其中最核心的是痛点——正是因为足够痛，你承担责任，对他才会有意义。而这个意义，对他有意义，对你也有意义。如果对你有意义，对他没有意义，他不会理你；如果对他有意义，对你没有意义，你不会理你自己。从这里开始，只要坚持以"有意义的改变"为目标，从一个一个具体的项目中训练找痛点的能力，很快，你就会具备心上的功夫。

例如“茶颜悦色”，当有人会为一杯奶茶排八个小时队的时候，你不妨问问，这有意义吗？如果没有意义，为何会出现这样的效应？如果有意义，又是什么意义？究竟解决了什么痛点？再比如“小罐茶”，当他们在广告中炫耀各种罐子，你也可以问问，这有意义吗？是自己想要的吗？会有免费帮他们作推广的超级用户吗？

还是以苹果公司为例，苹果手机有一个“CAR PLAY”服务，通过这个服务，手机内的内容可以在车载屏幕上操控，非常方便，你一看就知道这是自己“想要”的功能，而不是因为别人需要自己才需要，所以，是一项有意义的改变。因为你想要，对你有意义，想要把你发展成客户的宝马公司就主动成为苹果的超级用户。而开宝马的安卓手机用户，也很可能会因为这项服务改换苹果手机。宝马和苹果都因为这项有意义的改变获得了新空间。为什么谷歌的安卓系统没能率先推出 CAR PLAY 服务呢？因为谷歌正忙于用它的人工智能进入基因科学改变蛋白质折叠呢！那华为为什么不能抓住机会在安卓系统和汽车厂商之间推出个安卓版的 CAR PLAY 服务呢？华为正忙着干自己的鸿蒙操作系统呢！说到底，还是“知常容，容乃公，公乃全”的道理，还是心上的功夫不够。

所谓有意义的改变，是想要的改变，而非需要的改变。需要是头脑里的要，是人为制造出来的要；想要是心里面的要，是内心生发出来的要。要发掘心里面的要，只能以心印心，心连心。数字化时代，是用户思维的时代；用户思维就是痛点思维；痛点思维就是意义思维；意义思维就是想要思维；想要思维就是心思维。因此，数字化时代，训练心上的功夫，已经像学习开车一样，是必备的生存技能了。好在，开车是不需要在学校学的，找个师傅带一带，做中学就行。训练心上的功夫，也是一样，甚至更简单，毕竟不需要拿执照。

虽然乔布斯的苹果公司将用户思维发展到了极致，第一个践行用户思维的人却不是乔布斯，而是盖茨。当年，乔布斯找到了“意”和“言”，盖茨则找到了“象”和“数”。现在的苹果可以把宝马发展成超级用户，先让宝马伟大，再让自己伟大；八十年代的微软，把IBM发展为超级用户，干掉了当时如日中天的苹果公司。故事还得从一家日本公司说起，这家公司叫索尼。

上世纪七十年代，索尼公司进入美国市场的机会原本极其渺茫，因为在索尼推出自有标准的录像机之前，美国标准的录像机已经占领了美国市场。市场是人家的，标准也是人家的，在一个强大的竞争对手面前，索尼换了一种思维。站在消费者的角度，标准有多重要呢？消费者想要的是方便、便宜地看更多的录像带。

问题在于，索尼是一家硬件公司，哪里来的内容呢？没关系，找有内容的好莱坞合作。好莱坞有大量过了档期的片源被锁在仓库里，本来就是“无用”的资产，“无之以为用”，发挥无用之用，他们没有理由不合作。买断好莱坞过了档期的片源之后，索尼再发动亚裔在社区开录像带出租店，一举解决了方便、便宜地看更多录像带的问题。等美国录像机企业反应过来，发现不仅片源而且社区内的地盘都已经被索尼公司占了，没有任何挽回余地。

智慧的盖茨从索尼录像带出租店模式悟出来，买录像机和看录像带是同一个人，却有着不同的角色，前者是花钱买产品的客户，后者是用户。索尼让客户和用户合一的方法是搭建一个具有公共精神的内容服务平台，让闲置的资源被大家共用，以此降低客户的购买总成本，提升客户总价值。微软如果能够让硬件商、软件商、集成商和开发人员的资源共用，就能够让客户少花钱，大家还能多挣钱。“要生存，就要让别人需要你，并且没有任何其他选择。”这是盖茨的信念，他确实这么做到了。

当时的盖茨与索尼相比，面临的困难要大得多。索尼至少还有录像机，也搞定了片源，盖茨虽然从索尼学来了模式，但当时的微软既没有产品，也没有资金和团队。这时候，盖茨特有的战略思维发挥了作用。“敌人的敌人是朋友”，乔布斯是我盖茨的敌人，而乔布斯以 IBM 为敌并发誓要把 IBM 拉下马，那么 IBM 就有机会成为微软的朋友。

在强大的IBM面前，微软小得跟蚂蚁似的，IBM为什么要和一家“微不足道的软件公司”交朋友呢？有人说是因为盖茨的妈妈在 IBM 担任高管。这是“以己之心，度彼之腹”。盖茨的妈妈自然在盖茨的计划之内，但是盖茨的思维是“有个好妈得好好用”。他首先忘掉自己有什么、要什么，而是站在 IBM 决策层的角度分析对方要什么、怕什么，试图和 IBM 的决策层融为一体。在和 IBM 的竞争中苹果“软硬兼施”，而 IBM 硬件强、软件弱，肯定需要软件方面的合作伙伴。另一方面，IBM 当时占据 80% 的个人电脑市场份额，如果软件开发成本能够降下来，IBM 可以巩固对苹果公司的竞争优势。他站在 IBM 决策层的角度判断，于是，盖茨祭出了大招：免费帮 IBM 开发软件。然而，还是那个问题：IBM 凭什么相信一家“微不足道的软件公司”呢？ IBM 会怕什么呢？怕微软不规范、不正规啊！这好办，苹果既然能在纳斯达克上市，微软也能，苹果上主板，微软进场外市场，只要“我们的衬衫和他们的一样白”。

一番谋划之后，再通过妈妈敲开了 IBM 的大门。果然，盖茨的提议让 IBM 高管动了心，就在这个时候，了不起的盖茨向 IBM 提出了一个要求：向 IBM 免费提供的软件，IBM 只拥有使用权，没有所有权，微软可以将帮 IBM 开发的软件授权给除苹果以外的任何一家个人电脑公司。这是一个博弈，盖茨赌对方作为一家成功的硬件公司，不会在乎软件的所有权，在他看来，“成功的企业和成功的人都一样，有他们的思维惯性”，既然硬件上获得过巨大成功，就存在低估软件的价值的可能性。这还是主客同一的思维，正所谓屡试不爽，IBM欣然接受了盖茨的条件。毕竟，还有一个明摆着的道义上的原因：微软免费给IBM做软件，微软自己也要活啊！而且IBM的眼里只有苹果，苹果以外的个人电脑公司，都还是蚂蚁呢，对IBM这头大象构成不了威胁。

谁也没料到，盖茨瞄准的，正是这些“蚂蚁雄兵”，盖茨的真正目的是拿IBM做背书，帮蚂蚁们成长，再赚蚂蚁们的钱。不过，即使有了IBM的背书，盖茨面前还有一道难题：他“卖”给IBM的那个名字叫DOS的软件，微软并没有。怎么办呢？也不难，和IBM见面之前，盖茨就已经瞄上了一家软件公司的产品，这个产品的名字叫DOS。搞定IBM之后，微软立即花五万美金买下了DOS的所有权。就此，盖茨奠定了一生的财富基础。

之后，盖茨转过身来开始对付苹果——IBM只是工具，苹果才是敌人。刚好，这个时候的苹果自乱阵脚，和乔布斯一起创业、负责软件开发的伙伴因为忍受不了他的坏脾气，卷铺盖走人了。盖茨抓住机会找到乔布斯，后者欣然接受了盖茨的好意。然而没过多久，微软抢在苹果之前发布了新一代人机交互的操作系统Windows，乔布斯却因为没能够及时将苹果Macintosh电脑推向市场而被他亲手创办的公司扫地出门。

1997年乔布斯重新回到当时已经奄奄一息的苹果公司，在业界为他举办的欢迎大会上，他冲着台下前来捧场的盖茨说：“我认为盖茨老兄No Taste。”No Taste这个词，英文和中文，都是双关——没有品味，简称“没品”。轮到盖茨上台发言了，他笑眯眯地说了句：“我非常认同乔布斯先生对我的评价。”言下之意，假设乔布斯是对的，我盖茨没品，一个没品的人认为自己没品，负负得正，我还是有品的。智慧的盖茨就这样通过幽默化解掉了尴尬，这还是主客同一思维使然，在盖茨的世界里，有对手和敌人，却没有对立面。事实上，为了“封乔布斯的口”，盖茨参加活动前，已经为苹果公司注资一亿美元了，但乔布斯依然不依不饶，可见，没有对立面的盖茨对他的伤害有多么得深。

与苹果相比，施乐公司更加悲催。无论苹果还是微软，其种子技术都来自于施乐公司的PARC研究中心。1979年12月，乔布斯两次参观施乐PARC研究中心。在第二次参观中，他多次让施乐向他展示全部核心技术。就这样，他亲眼见证了施乐图形界面可以支持的炫丽图像和字体效果。《乔布斯传》中写道，当时乔布斯觉得图形界面比DOS系统强大不止百倍，他“似乎看到了计算机行业的未来”。随后上市的苹果Macintosh电脑模仿了施乐的图形界面，并取得了轰动效果。当然，苹果对施乐的图形界面技术进行了巨大的改进和提升，比如简化了鼠标、实现了窗口拖拽、完善了桌面概念。

施乐擅长的是“始创新”，没有能力将技术产品化，更没有模式和战略，而说到底，还是因为传统的美国商人不会“致虚极”——乔布斯受《道德经》和禅宗影响要“为科技注入人性”，盖茨受到索尼的启发要“让每一个桌面上都有一台个人电脑”，施乐除了技术，啥也没有。正所谓心有多大，世界才有多大！

有人说苹果山寨了施乐领先世界PC市场十年的新技术，称这是“工业史上最严重的抢劫”。乔布斯承认这种说法，当然还是带着他一贯的骄傲语气：“毕加索不是说过吗，‘好的艺术家只是照抄，而伟大的艺术家窃取灵感’。在窃取伟大灵感这方面，我们一直都是厚颜无耻的。”“我们从不为自己偷学伟大创意而惭愧。”乔布斯说的窃取灵感，其实是涌现。涌现看不见，摸不着，是形而上的，怎么偷呢？同样的，盖茨窃取乔布斯的创意，也不能算偷，因为他涌现出来的是人类历史上最伟大的商业模式。而盖茨当时却向乔布斯坦言：“我们都看中了一家叫施乐的富有的邻居，只是你下手比我快。你能偷施乐的，为什么我不能偷你的呢？”以盖茨当时的境界，他没有意识到自己的行为不算做偷，正因为此，乔布斯才这样评价他："如果他拜过佛，他就完全会是个更有想法的人。"见贤思齐，现在的盖茨，确实是一个更有想法的人了。

2008年在庆祝iPhone首发的大会上，盖茨又一次前去道贺。这一次他俩没有再一先一后登台，而是被安排在台上互动。或许还是为了"封口"吧，盖茨心悦诚服地称赞乔布斯"设计能力天下第一"，心情大好的乔布斯则平生第一次夸奖盖茨，说："盖茨兄弟啊，你发展合作伙伴的能力可是全球无敌啊！"正当大家为绝代天骄的两个人冰释前嫌而感到欣慰的时候，有人琢磨出味来了，乔布斯还是在挖苦盖茨啊！他的意思是说，盖茨同志你是通过发展合作伙伴，在个人电脑上打败了我。智能手机是微软首先发力，但微软却忘了自己发家致富的法宝，走向了当年苹果电脑扩张性增长的老路。或许，当初你从索尼那儿学来的只是照猫画虎吧！反倒是今天的苹果手机，继承了当年微软的好传统，依靠合作伙伴，打败了先走一步的微软智能手机。事实确实如此，最早从2000年开始，盖茨就心心念念智能手机。但是这一次，微软没有能够引领操作系统的创新。而苹果却在盖茨创新出的模式之上推陈出新，直至如今。

学习乔布斯，学的是创造意义，做"有意义的改变"；学习盖茨，学的是"改变的方法"，这个方法叫"整体关联"。我们在本章开始介绍过孩子的意义学习，和微软、苹果相比，传统企业搞的是"颈部以上发生"的商业。意义学习的关键在于"与个人各部分经验都融合在一起"，"使个体的行为、态度、个性以及在未来选择行动方针时发生重大变化"。前者是盖茨的强项，即"整体关联"；后者是乔布斯的强项，即"有意义的改变"。

如果觉得一时半会儿达不到首富的境界，也不要紧。有人已经将整体关联的方法总结成了一个段子，叫"盖茨的女婿"：有一位老先生问他儿子："想不想做比尔·盖茨的女婿啊？"儿子说："当然想啦"。老先生先去找世界银行行长："想不想让比尔·盖茨的女婿做世行的副行长？"行长说："好啊！”老先生这才去见盖茨：“世行的副行长做你的女婿，挺般配的吧？”

不过，千万别把“盖茨的女婿”和“空手套白狼”混为一谈。做房地产的、开夜总会的，都有空手套白狼的本事，却并非整体关联，因为整体关联的目的，是为了从人的内部推动发展，调动尽可能多的人的积极性，做有意义的事，挣花不完的钱。最本质的区别在于，玩空手套的人，思维与存在是分裂的，并且是不断地制造分裂；盖茨创建的企业和构建的商业生态内，却是在用商业帮助人们实现思维与存在的同一。

商禅并重

禅是主客同一思维，但主客同一思维非禅独有，儒释道三家，都是主客同一的思维。当然，他们之间的分歧也很大。例如，佛家有个一苇渡江的典故：传说当年达摩因为和梁武帝的观点不和，渡江北上，但他渡过长江时并不是坐船，而是在江岸折了一根芦苇，立在苇上过江的。现在少林寺尚有达摩“一苇渡江”的石刻画碑。而儒家对于“一苇渡江”有不同的解释。儒家认为“一苇”并不是一根芦苇，而是一大束芦苇，因为《诗经》里面有一首《河广》，诗中说：“谁谓河广，一苇杭之。”唐人孔颖达解释说：一苇者，谓一束也，可以浮之水上面渡，若桴筏然，非一根也。

有人说儒家的解释比较科学。其实，这还是在用“颈部以上发生的”学习理解我们古人的智慧。无论是佛家还是儒家，都在借“一苇渡江”传递他们的价值理念和主张。侧重于人与己、解决人的主动性问题的佛家，把“一苇渡江”作为公案，渡江的那个达摩，是达摩，也不是达摩，还是达摩。你若感受到了生存的问题，“一苇渡江”便会穿入深处。侧重于人与人、解决人的社会性问题的儒家，要凝心聚力，自然要强调一束。儒和佛，一个是饭，一个是药，各自承担有意义的责任，创造有价值的果实，守护着我们的生命。

接下来问一个问题。既然达摩渡江北上了，为何到了六祖慧能，禅宗又南归了呢？理学“程门立雪”“吾道南矣”的典故讲清楚了北方二程和南方朱熹之间的传承关系，从达摩到六祖，当中的纽带又是谁？另一个问题是，当初梁武帝不接受达摩，很重要的一点在于他建了“四百八十寺”，而达摩却“一对一单传”“游化为务”。然而传到了慧能，却已经开坛授法了。又是谁改变了禅宗在中国的发展方向？

这个人是四祖道信。在达摩初到中土直到三祖僧璨，禅宗在中国的弘扬，从来都是命运多舛，一直处在受人排挤的尴尬境地。直到四祖道信首倡“农禅并重”，禅宗才有了广泛的信众基础。按印度佛教风习，出家修道者不事生产，靠他人布施或沿门乞食为生。达摩及慧可、僧璨等几代禅师一直遵循印度佛教风习，奉头陀行，苦行节欲，一衣一钵，乞食为生。道信在双峰山实行农禅并重、自食其力，这在禅宗史上是一创举。这一创举，不仅解决了徒众的吃饭问题，为徒众的稳定和发展奠定了先决条件，而且有助于养成僧侣的劳动习惯，弱化对社会的依赖意识，减轻百姓的经济负担，因而具有积极意义。道信开创的农禅并重、自食其力的风尚，被弟子弘忍及后来的禅师继承发扬，成为中国佛教的一个优良传统。弘忍提出“四仪（行住坐卧）皆是道场，三业（身口意）咸为佛事”，把禅僧的一切活动（包括生产劳动）提升为禅修，为农禅结合、自食其力提供了理论依据。至六祖慧能，发展成为“砍柴担水皆是禅”。

在佛理方面，道信认为，“佛即是心”，“离心无别有佛，离佛无别有心”。这是对菩提达摩“大乘安心法”的重要发展。达摩是把“深信含生凡圣同一真性”作为修禅者的认识基础，通过“凝住壁观”的方法，达到“无自无他，凡圣等一”的境界，达到这种境界，就实现了修禅“安心”的目的。道信把“深信含生凡圣同一真性”发展为“佛即是心，心外更无别佛”。这样一来，一切禅修便归结为对自我本心的体悟，于是人佛、心佛、心性之辨成为禅宗的中心论题，禅宗成为名副其实的“心宗”。禅宗所谓的“直指人心，见性成佛”的宗旨，其肇始者应推道信。

唐朝时期，道信的家乡佛教兴盛，寺庙林立，有“佛国”之称，唐玄宗以广济名之，意为“广施佛法，普济众生”。明代，吴承恩来到“佛国”，在广济境内的蕲州荆王府供职，《西游记》成书于蕲州荆王府，在学界已逐步形成共识。从起点猴王出世到取经终点灵山，很多西游故事、风土人情和山川地貌，在广济境内的匡山都能找到原型。

匡山是四祖的出生地，也是鲍照读书台的所在地。“匡庐奇秀甲天下”，匡山和庐山，一个在北，一个在南，共枕滔滔一江水，同展婀娜百态姿。然而，世人皆知李白望瀑布于庐山，却不知李白的偶像在匡山。

李白在匡山曾留有诗作：“小雪飞旋回九天，群立孤峰不觉寒。眼前景色写不尽，明远拟作行路难。”诗中的明远，就是鲍照，是李白最推崇的诗人，他在匡山共写了十八首《拟行路难》。杜甫曾借鲍照赞李白：“白也诗无敌，飘然思不群。清新庾开府，俊逸鲍参军（鲍参军即鲍照）。”思念李白的时候，杜甫还曾写到：“不见李生久，佯狂真可哀。世人皆欲杀，吾意独怜才。敏捷诗千首，飘零酒一杯。匡山读书处，头白好归来。”意思是，年轻时候的李白，路再难行，也不愿意被框住，年纪大了，回到精神故乡安顿下来吧！正如苏轼所言“此心安处是吾乡”。而苏轼被贬黄州时也曾来过匡山，并在此向李杜致敬：“偶寻流水上崔嵬，五老苍颜一笑开。若见谪仙烦寄语，匡山头白早归来。”谪仙人是对李白的称谓，出自杜甫《寄李十二白二十韵》：“昔年有狂客，号尔谪仙人。笔落惊风雨，诗成泣鬼神。”因为鲍照，匡山成了李白、杜甫和苏轼精神上的共同家园，他们有着相同的命运，相同的情怀，最容易激起感情的共鸣。而之所以今人只知有庐、不知有匡，是由于为避赵匡胤讳，北宋时期匡山先后改名为大王山和一尖山。

除了《拟行路难》，鲍照在匡山还留下了一座读书台，读书台由五块巨石合围，象征他当时的困境。在匡山脚下，鲍照还创立了中国最早的书院——沧浪书院。匡山之外便是长江，唐朝以前这一带的长江，被称作“沧浪之水”。“沧浪之水清兮，可以濯我缨；沧浪之水浊兮，可以濯我足”，是屈原的理想。无论是屈原投江，还是鲍照留台，都是在告诉后人，要想办法让人心不再被框住。

找到办法安顿人心的人是道信，他的贡献之大，只要对比一下后来者苏轼的表现便知。跟鲍照一样，苏轼一生不得志，却因懂得“此心安处是吾乡”而从容了许多。相传苏轼来匡山的时候在一座寺庙中遇见一和尚，和尚指着对面殿中倒坐的观音像出联：“问大士缘何倒坐？”苏轼微微一笑对道：“恨世人不肯回头！”和尚又道：“音亦可观，自信聪明无二用。”苏轼朗声答道：“佛何称士，方知儒释有同源。”

佛是印度的，禅是中国的，体现了中国哲学登峰造极的生命智慧。禅的发展方向因道信而改变，却包容孔子和老子的学问以及屈子的精神。既然来匡山读书的鲍照能见证屈原，匡山人道信当然也能。

唐朝时期禅传到了东邻日本，上世纪五十年代经由日本禅师传到了美国，使得乔布斯在禅的影响下开悟。今天佛手山药能够走出匡山，匡山人应当感恩苹果公司。以前受制于保鲜和储运，加上食用不方便，佛手山药被框在了匡山内。现在因苹果带来的移动互联，加工好的佛手山药通过订单农业全程冷链送到家，开袋即用。但苹果也应当感恩匡山，没有当年的农禅并重，就不会有今天的商禅并重。

佛手山药富含微量元素，用佛手山药炖的排骨汤，不仅营养价值高，而且味道异常鲜美。能吃到佛手山药的人，口福不浅，五福也不浅。

五福者，一曰寿，二曰富，三曰康宁，四曰攸德行，五曰考终命。总之，不被框住，便是福；安心归来，也是福。屈原、鲍照、道信、李白、杜甫、苏轼和乔布斯们的努力，都是为了人心不被框住。佛手山药，匡山打造，五福俱全，千年福报。归来的温度，让佛手山药更有味。

也可以这么理解，“沧浪之水清兮，可以濯我缨；沧浪之水浊兮，可以濯我足”，就是福。推送来的内容，认同的，就用来“濯我缨”；不认同的，就用来“濯我足”。你不再被人用臆想的理框住，就是福。百依百顺，但顺从的是自己，自主的自动化，才是福。

这种把所在地的文化作为资本带动乡村振兴的新发展思路，值得很多地方借鉴。以浙江而言，除了前文介绍过的青田，义乌、慈溪、永嘉、桐庐、德清等地，都有引以为荣的历史文化。如果浙江能够领风气之先，隔壁的安徽和江苏一定会表示不服。安徽人会说：温州、义乌做的是小生意，宁波人会做大生意，但宁波人做大生意的本事，当年却是徽商带过去的。而江苏人会说，你们两家都别吹了，你们老祖宗做的生意再大，也大不过我们的沈万三。但浙江人马上回怼：沈万三是咱们德清人。这时候河南人不乐意了：如果没有“吾道南矣”，你们南方人哪里会做生意啊！而湖南人会跳出来说：“吾道”的祖师爷周敦颐是衡阳人。最牛的还是山东人：都别争了，做生意的本事，都源自咱菏泽（当年的定陶）。河南人听到了又不乐意了，范蠡是河南南阳人。而安徽人承认徽商“风继南阳”，江苏人也认可“无徽不成镇”，但浙江人还是不乐意，抛出杀手锏：有《史记》为证，范蠡是在浙江跟着计然学会做生意的。

除了地域之间的竞赛，还可以按姓氏来争一争。例如德清的沈姓就可以和周庄的沈姓比试比试，看看谁更能光宗耀祖！德清历史上出过沈约、沈括等文化名人，还有拍过《中华儿女》的导演沈西苓先生，他们都是东汉时期迁居德清的沈戎的后人。沈戎旧址所在地德清吴兴堂是江南沈氏公认的祖庭。今天，沈戎的另一位后代沈卫东先生创办的思决行公司，在用数字技术做动态股权管理，开创了以付出为导向的合作资本，为运鸿这样的走共同富裕道路的社会企业铺设好了管理数字化（而非数字化管理）之路。而周庄的沈姓，继承下来的是“万三蹄”。殊不知，万三蹄是万三蹄，不是万三蹄，还是万三蹄。当年的沈万三制作和售卖万三蹄，是有意义的。他虽然是商人，毕竟还是德清沈氏后代，沈约的基因，他是有的。他通过万三蹄告诉人们，我沈万三就像蹄子一样，跑遍各地，打通“双循环”——他在各地开设“连锁店”，除了卖国货，也卖洋货，元朝的南京，是国际化的商贸之都。不过，周庄虽然有万三蹄，但周庄未必有沈万三的后代。据说，沈万三在帮助朱元璋修建南京城墙之后，让朱皇上心生恐惧：商人的力量如此强大，一定不能让他们做大，否则要分我老朱家的权。也由此为后来的海禁埋下了伏笔，以至于中国就这样错失了资本主义的黄金发展期。而真正的沈万三后人，据民间考证，为逃避朝廷的追杀，躲到了贵州大山里。这就是刘伯温临终所担心的。

最后，我们离开历史、离开乡村，说说现实中的科技狂人马斯克。这位老兄是错的。首先，就思想观念而言，马斯克有一个著名的观点：战胜不了他们，就加入他们。这不是一个究竟的观点，比如，主体战胜不了客体，主体是加入客体，还是包容客体呢？

就思想动机而言，微软联合创始人保罗·艾伦、亚马逊创始人贝索斯和马斯克，都无一例外地表示，对科幻的爱好是激励他们投资太空的一部分原因。然而，科幻作品最好的功能不在于探索遥远的将来或是科学上难以置信的事物，而是探索科学、技术和社会之间的互动关系。它们揭示的可能场景可以使我们更好地理解身边的社会，要做到这一点，有时需要抛开科学上的合理性。向来，富人都会因为自己古怪的兴趣而资助科学和艺术，具体方式也是五花八门的。现在的亿万富豪也面对同样的场景，并以承担着某种责任为荣。然而，在宣称责任的同时，也是在向人们贩卖焦虑。

重要的是有意义的改变。技术大亨们可以借助他们公司的运营，改造我们当下的生活，像比尔·盖茨先生那样，通过投资帮忙解决那些威胁人类的问题。做到这一点是需要想象力的，但这并不是我们在孩童时期绘在科幻书封面上的那种想象力。这是一种将我们带往广阔宇宙，从而引起我们深思的想象力，能够使我们重新审视茫茫宇宙中的这一所居处，这个脆弱的浅蓝色小点，并思索怎样才能将它建设成更美好的家园。

没错，特斯拉是有想象力的，是有意义的改变。但有意义的责任应该创造出有价值的后果，而不是为了努力逃脱地球。没错，人类有责任、有义务探索星际，并终有一天会移民其他星球。但出发点和目的不是为了逃避，而是为了改变。当人类终有一天改变了自己，改变了地球，人类将从从容容地改变下一个星球，为人类拓展新的发展空间。

我们的人体相对于细菌而言，大得就像是它们的宇宙；而人在茫茫宇宙之中，小得像肉眼看不见的细菌。细菌的生命与人体寿命相比，短到没有时间可言；人的生命放进宇宙，也是一样。细菌的生存法则是一代一代、前赴后继并成群成群地守护着它们的共生体——人体，人体于它们而言，就是道，决定着菌群的复杂度。但没有脑子的它们“替天行道”的方式只是一个看一个地做好自己，以并行计算的方式存在，在涌现中演化。人也理当如此地活。但菌只懂信号，人懂得意义，作为“四大”之一，人可以掌握“道”，通过意义在人的心中、群体中和大自然中生成涌现。生命短暂，意义永恒；活在当下，不断改变。

成长的心态：素质改变命运

易色

最近有一本美国人写的畅销书，叫《成功的要素：打破失败定式的16条法则》。其中有一条叫“认识自己的优势”。按照作者的观点，只有少数人才真正了解自己的优势到底在哪里。于是他建议你可以试着花点时间想象一种与现在截然不同的生活，每天再花五六个小时做一些能让自己感到有趣的事情。并提供了有效的方法：第一步，全面认识自己的优势，并且明确目前自己花在这些优势上的时间。第二步，与老板、同事、家人聚在一起，共同讨论出一种工作和生活的方式，不仅能满足你的需求，同时也能满足别人的需求。第三步，就是坚持下去。一旦确定了每天如何以自己的优势为中心生活，就要制定周计划来保证自己坚持这种生活方式。一开始，每周在计划里写下每天至少4个小时做发挥自己优势的事情，把剩下的时间用来处理其他事情，这样更有可能完成这些任务。当你这样坚持两周以后，你的生活就会发生明显的变化。一旦每周提前在计划里写下这些发挥优势的事情，你就会接着做两倍、三倍甚至是五倍多的同类事情。然后，由于你渐渐地做了越来越多的事情和擅长的事情，内心的幸福感和满足感就会爆棚。当生活以你的优势为中心时，绝对会比以前快乐很多。

和美国人写的其他成功学书籍相比，这本书确实进步了——开始向内求。但是，他仍然没有认识到自己正是自己的问题所在。不过，这不能否认“认识自己的优势”的必要性和重要性。例如“文化也是种资本”，就是在认识中国自己的优势之后得出的结论。既然认识自己的优势很有必要，却又不能把认识自己的优势定为规则，那应该怎么办呢？儒家的方法是“见贤思齐”“贤贤易色”。

儒家非常重视内省，内省的目的是让你向贤看齐，把贤当作你自己，而不是把你自己当作自己，这是儒家化解主客二分问题的方法。何谓贤人呢？通俗地讲，就是不俗之人。俗有两种，一是空间之俗，一是时间之俗。限于地域，某一区域的风气习俗转换到别一区域，便不能相通；限于时代，某一时期的风气习俗转换到另一时期，又不能相通。不俗之人，不为时限，不为地限，到处相通。不俗即雅。西周初期，列国分疆，为了促成统一，开始提倡雅言雅乐，此后的文学艺术，无不力求雅化。雅，即不为地域和时代所限。文学艺术如此，其他人文大道皆然。《中庸》曰：“君子之道，本诸身，征诸庶民，考诸三王而不缪，建诸天地而不悖，质诸鬼神而无疑，百世以俟圣人而不惑。”意思是说，君子之道，并不是要异，而是要通。既能在老百姓身上求证，也能与三代的先王做法保持一致，还要立于天地之间而没有悖乱，质询于鬼神（天理）也没有疑问，百世以后待到圣人出现也没有什么不理解的地方。君子的特点就在于一个通字，雅即通，所以君子也可以被称为雅人，即不俗之人、贤人。中国传统教育，是教人为君子不为小人，教人为雅人不为俗人。说来平易近人，但其中寓有最高真理，只有具有最高信仰，才能到达其最高境界。

这个信仰，信的是本自具足，却并非宗教，因为它是自信——对本自具足的信，叫自信。君子、雅人、贤人、不俗之人，指的就是“自信”的人。“自信”的人相信，生命的本质在于改变，他们会因此把目标定为让改变成为对生命意义寻求的一部分。这些人懂得：生命从来不是一个结果，而是一个过程。在最后的最后，或者说在生命的尽头，是否在绝大部分时间中感到快乐，其实并不重要。重要的是拥有一个动人的故事可以诉说。为了这件重要的事，这样的人任何时候自问某件事情是否有意义，答案必须来自这件事对于某个人或者某些人有没有意义。他看着这个世界，给它附加上价值，这是一项成就，他为之自豪。即使这辈子看不见成就，也不意味着一直的努力没有收获，而是在扎根，想要的都在来的路上。

这种改变的方法较之于禅宗，难度显然更大。毕竟禅最初是作为药的，以“治愈”为目的，而儒是要入世为社会做贡献的。但对于治愈了的人而言，会很容易拥有这种成长的心态。例如许巍，他是歌手，也是词曲创作者。他曾经在《执着》中写过“纵然使我苍白憔悴，伤痕累累”，一语成谶，后来竟抑郁了。恢复了之后，他把自己奉献给了社会。许巍自己说过：“很多抑郁症患者见到我，都说是我的音乐朋友，他说真的是因为这些音乐让我越来越健康。”他说：感谢自己所经历的那些，写出了这些音乐，才能去给他人带来良性的影响，那是我一生非常荣幸的事。把抑郁的经历都当成了一生非常荣幸的事，只是因为能够给他人带来良性的影响，这样的人写出来的歌，怎么能不打动人呢？此刻的我，就在向他看齐！

不仅“见贤思齐”，还要“贤贤易色”。朱熹在《论语集注》中这样解释“贤贤易色”：贤人之贤，而易其好色之心，好善有诚也。朱熹的意思是你要持之以恒地贤贤，才够诚。而我们已经知道诚与涌现之间的关系，所以他说的贤贤可以“易其好色之心”，是有科学依据的。

但南怀瑾先生却在《论语别裁》中说：“色”字解释为态度、形色，“贤贤易色”意思是我们看到一个人，学问好，修养好，本事很大，的确很行，看到他就肃然起敬，态度也自然随之而转。南师写《论语别裁》的时候，现代物理学的知识尚未普及，因此他很难用“涌现”来解释“诚”。“诚”字解释不通的话，朱熹的这段话确实就难以理解了。

说这些并非为了和南师抬杠，而是想说明一点，先哲们说话是相当严谨的，因为他们既然教人贤贤，他们自己也理当贤贤，并且还要作为贤让别人贤。为此，他们必须讲诚，任何一处不一致，在当时，都有可能被人指摘为不够诚。认识自己的优势，正是在这样一个动态的过程中完成的：先见贤，再贤贤，再把自己作为贤，而在诚的过程中，自然而然就认识了自己的优势。因为如果你不聚焦于自己的优势的话，你就很难保持一致性做到诚，也就很难成为贤人，见贤和贤贤的功夫，就白费啦！谁想白费功夫呢？

除了见贤、贤贤，还有任贤。《孔子家语》中记载了鲁哀公和孔子之间的一段对话。鲁哀公问孔子：“当今的君主，谁最贤明啊？”孔子回答说：“我还没有看到，或许是卫灵公吧！”哀公说：“我听说他家庭之内男女长幼没有分别，而你把他说成贤人，为什么呢？”孔子说：“我是说他在朝廷所做的事，而不论他家庭内部的事情。”哀公问：“朝廷的事怎么样呢？”孔子回答说：“卫灵公的弟弟公子渠牟，他的智慧足以治理拥有千辆兵车的大国，他的诚信足以守卫这个国家，灵公喜欢他而任用他。又有个士人叫林国的，发现贤能的人必定推荐，如果那人被罢了官，林国还要把自己的俸禄分给他，因此在灵公的国家没有放任游荡的士人。灵公认为林国很贤明因而很尊敬他。又有个叫庆足的士人，卫国有大事，就必定出来帮助治理；国家无事，就辞去官职而让其他的贤人被容纳。卫灵公喜欢而且尊敬他。还有个大夫叫史鰌，因为道不能实行而离开卫国。卫灵公在郊外住了三天，不弹奏琴瑟，一定要等到史鰌回国，而后他才敢回去。我拿这些事来选取他，即使把他放在贤人的地位，不也可以吗？”然而，《论语》中孔子却“谓卫灵公之无道”。为什么无道呢？《论语》中还有一句孔子对卫灵公的评论：“吾未见好德如好色者也。”卫灵公既然好色，就没能够“贤贤”；没能够“贤贤”，就没有诚可言；没有诚的国君，自然就无道了。

有些人为卫灵公鸣冤，说：卫灵公非但不是无道昏君，还是个颇有能力的诸侯。是孔子不好，他在鲁国受到排挤后，以近耳顺之龄带着团队来到卫国，卫灵公给他“奉粟六万”的高薪却不见用，以至于孔子不得不忍受卫灵公夫人南子的“性骚扰”，惹出了“子见南子”的绯闻。即使如此，也还是没能够在卫国谋到一官半职，惶惶如丧家之犬不可终日，颠沛流离十余载。所以，“卫灵公之无道”是老夫子一时激愤之语，不能说明卫灵公无道。是否激愤之语无从知晓，单就老夫子和他弟子的逻辑一贯性而言，没毛病。

更有甚者，还有些人居然把孔子的中庸、老子的无为和庄子的逍遥，归为了犹太学者汉娜·阿伦特所说的“平庸之恶”。“平庸之恶”指的是在意识形态下对自己思想的消除，对下达命令的无条件服从，对个人价值判断权利放弃的恶。“平庸之恶”的人是失去主体性，只把自己当做材料，而忘记了人之为人的人。而孔子、老子和庄子，他们所努力的一切，就是为了让人们活出主体性。“非其义也，非其道也，一介不以与人，一介不取诸人。”是孟子的话，如果你想认识自己的优势，就应该牢记这句话。

历史上的中国，还出现了墨子为代表的尚贤的思想，因为与帝王的利益相冲突而惨遭封杀。在今天这个能够把中庸斥为“平庸之恶”的年代，要见贤、贤贤，还得要尚贤。企业家曹德旺先生呼吁禁止评判谁是首富和彻底废止富豪榜。他认为富豪榜的排名只会让人发痒，不利于教育我们的公民。每一次排名都显示出人们和富人之间的差距，让人们觉得只有钱才是意义的全部。替代富豪榜的应该是“尚贤榜”。如何界定贤人呢？用数据。这个时代，不再只有财富才可以被数据化，企业家的社会责任感，也可以被数据化——通过 ESG（环境，社会和治理）指数被量化。那么上哪儿找贤人呢？

湖北咸宁职业技术学院的王书记发起了一个“一村多名大学生”的项目——不是培养大学生送到村里，而是把村里的致富带头人培养成大学生。这些致富带头人大多数已经在城里创造了一定的财富，再回到家乡，带领村民们共同致富。他们为什么要这么做呢？因为在中国的乡村，有“乡贤”的传统，他们见贤思齐，想要贤贤。而王书记发起的项目，刚好把这些人组织了起来。尚贤榜，刚好可以从这里起步！

再来看看王书记的决策过程。他有没有从认识自己的优势开始呢？如果说优势，咸宁职业院校，不过就是个大专，不要说和武汉大学比了，和普通的本科相比，都没有任何优势可言。他的出发点很简单，就是为官一任，在退休之前做点有意义的事。而影响他的，一定是他成长路上见到的、帮到过他的贤人。

吃香

网上搜“吃香”这个词，基本上都用来形容某个职业、行业或某类技能很受重视，到处受人欢迎。吃香为什么和“受重视、受欢迎”联系上了，现在已无从考证，但这世上确实存在“吃香”的人。点一炷香，香本来是自由飘散的，他坐到香面前，香就只朝他这一个方向飘了。据说，能“吃香”的人，是有大修为的人。有大修为的人，自然会受到重视和欢迎。

我进微软公司接受的第一堂培训课，就和“吃香”有关，只不过他们称之为“高级感”。当时培训我的经理这样定义高级感：高级感就是永远不要对客户说抱歉。听得我愕然，心想微软果真霸道。现在明白了，这又是美国人从我们老祖宗那里学过去的，因为朱熹说过：自敬，则人敬之。一个随随便便就向人道歉的人，是不自敬的表现，你都不重视你自己，别人如何会重视你呢？反过来，像乔布斯那样，在本该道歉的时候不但不道歉，还吸粉无数更加“吃香”，那就是高级感使然。

但是国外的课程培训高级感的方式，却又主客二分了。他们发明了一个叫感到、感受、发现的工具，并给出了具体的原因。第一、感到这个词可以做到两件事：看来你是从历史的角度来评论这种情况；这表明你具有经历过这种情况的经验。第二、谁都喜欢一个与自己有相同感受的人，这是一个非常好的即时与客户的感受发生连接并调整的方式，而且同时还能表现出你对客户的同情之心，接下来就是要学会如何在一句话中使用这个词汇，比如，“我理解你的感受”。第三、当人们说有所发现的时候，通常意味着他们已经做了大量的工作和研究，而且已经获得了一定的研究成果，比如我们已经发现了一个事实，提出了一个解决方案或答案，当你与客户一起分享你的发现的时候，你既可以充分展示出你的专业知识，也可以在感情上表示同情，这不是两全其美吗？所以，结论是，感到、感受、发现是一个非常有用的方法，可以帮助你打破与客户之间的障碍和隔阂，按照你的模式来调整客户的思维方式。例如，客户问："你的意思是说，你们整整要花两周时间才能交货，我觉得这太荒谬了。"你回答："我能明白你的感受，两个星期看上去的确有点长，我在这里工作之前也有同样的感觉。但是你知道我发现了什么吗？因为我们所有的产品都是直接从制造商那里订购的，所以我们总是能够确保交付给客户的是最新的型号，而且我还发现，如果我们囤积大量的产品，就无法用最低的价格向客户提供最新型号的产品，我们发现大多数客户都愿意用最优惠的价格来购买最新型号的产品。"

感到、感受、发现这项技术训练的是同理心，提升的是共情能力。共情是罗杰斯所阐述的概念，指的是一种能深入他人主观世界、了解其感受的能力。培养共情能力需要先倾听自己的感觉，假如无法触及自己的感受，而要想体会别人的感受，就太难了，因为这个领域对你来说还是一片空白呢！因此，首先你必须能把自己调整到可以发掘自己的感受，能体会这些感受，还要能够选择合适的方式将感受表达出来。一旦你自己的感受与表达方式不再干扰你倾听别人后，你才能发现线索开始练习体会他人的感觉。最后，你一听到别人的感觉就会发出某种反应，并能让对方认为你听进去了，且能体会他的感觉。因此，倾听自己以找出自己的感受、表达它们、体会他人的感觉并与之共鸣，是共情发生的四个过程。

事实上，就像足球运动员，在训练技术能力的同时，还要训练与球队融为一体的意识，训练共情能力的时候，一定要辅之以主客同一思维的训练。只有真正把客户装进自己的心中，感到、感受、发现才会发乎内心。

否则，你只用脑不用心地把美国人这一套直接搬进中国，肯定行不通。中国人感知内心的能力，本自具足，也只有中国人才懂得，人生来就是王者，每个人生来都是尊贵的，是自己把自己活贱了。但这并不意味着我们不要训练共情能力的方法，更不意味着不要高级感。这方面，日本的方法非常值得借鉴，他们已经开始要求服务人员训练自己不仅仅把自身的客户视为服务对象，而且把所有人都作为服务对象，只有这样的"公心"才会将自己训练成为一个善于用心思考的人，能够进入客户的内心，发掘他们的"想要"。也就是说，日本人把西方的方法和东方的智慧融为一体了，正如他们在足球世界已经做到的那样。

另外一项训练高级感的技术叫期望值管理。期望值管理有一个公式：满意度 = 体验值 - 期望值（Satisfaction = Experience-Expectation）。服务人员经常会面对"Tough Customer"，即挑剔的客户，你怎么做，他都会挑你的刺。没有经受过训练、又想把工作做好的年轻人，就会非常努力地想办法提升客户的体验值。然而，满意度的提升从来都不是从提升体验值开始，而是从降低期望值开始，期望值越低，同等程度的体验，满意度越高。例如有一位网友这样评论美国总统特朗普在疫情期间对于疫亡人数的预测：地球人都知道这是一件普通的衣服，15 元一件还包邮。然而有人标价 5000 元一件，然后打折，500 元一件，特朗普政府再砍价以 250 元一件买下来，然后他们向全世界炫耀他们多么的优秀！

最会管理期望值的莫过于佛家，一句"人生来是苦的"，就把你对人生的期望值清零。儒家不一样，"学而时习之"是快乐，"有朋自远方来"是快乐，"人不知而不愠"还是快乐，总之，人生本来就是快乐，让人们对人生设立了一个很高的期望值。最不会管理期望值的是"老中医"，把自己抬得高高的，给人以极高的期望，然而，时灵又时不灵，期望值越高，失望越大。人们对中医的信心，就是在这样的过程中被消耗掉了。

期望值管理方面的“术”很多，这里就不介绍了，关键还是在于技术训练之外的意识训练。这是因为，很多人在训练管理对方期望值的时候，会发现改变不了对方，发现不管用了之后，就不愿意再继续练。这个时候就需要“心法”了。首先要问自己：“客户想要的是什么？”答：“愉快”。“为什么做了那么多客户还是不愉快呢？”答：“因为客户太挑剔啊！”“换做领导来处理，会如何呢？”答：“领导比我会说话，应该能搞定”。“那就向领导学习好好说话”。学了之后“习之”，又被客户骂了一通。没关系，这不刚好有个老朋友来了，和他喝喝茶、聊聊天，不是很快乐吗？聊完之后再学习，学了之后再“习之”，还是不管用。也没有关系，“人不知而不愠，不亦君子乎？”如果你认为你做到了，只是没得到对方的认可，而你不生气，那么你已经是君子啦！是君子了，还有什么可担心的呢？如果你认为你做到了，却因为没有被对方认可而生气，那么你就还不是君子，就应该继续学习。如果你认为自己做得还不够好，那就更应该继续学习啦！孔子就是用这样的方法教会人们：与其管理他人的期望值，不如把改变自己作为自己的期望值。

“我们不完美。手机不完美。我们都知道这一点。但我们想让用户满意”，这是乔布斯面对“天线门”说的话，用感到、感受和发现写出来，就是“我感到我们不完美，手机不完美，我们都能感受到这一点，但是我发现，我们想让用户满意”。用期望值管理来解释，“我们不完美，手机不完美”，就是在将期望值清零，“我们都知道这一点。但我们想让用户满意”，是通过共情提升体验。期望值下降，体验值上升，满意度立刻就上去了。可以说，乔布斯对这些技术的运用已臻化境，但他却是“功夫在诗外”——首先要将自己的心和大家心接通，才会“吃香”啊！

有位剑客拜师学艺，他问师父，凭自己的资质，要练多久才能成名？师父回答说："十年。"剑客接着问，如果自己加倍苦练，又需要多久才能成名？师父回答说："二十年。"这让剑客十分不解，他继续发问："如果我晚上不睡觉，夜以继日地苦练，需要多久才能出名呢？"这次，师父严肃地回答道："如果你这么着急出名的话，就永远没有成名的可能了。"师父解释说，一位了不起的剑客，必须一只眼睛向前看剑，另一只眼睛向后看自己，只有这般反复磨练、不断反省才能有所进步。如果练剑的人两只眼睛都只盯着出名，那就没有空闲看自己和剑了。剑客听后幡然醒悟，于是依照师父所言调整心态，沉心静气修炼，终成一代名家。向前看，练方法；反过来向后看，练的是心法。

现如今的社会，充斥着"业绩就是尊严，其他都是扯淡""生死看淡，不服就干"，"高级感"这个词，说出来会被人笑话。但"吃香"还是很吃香的。不过，吃香不是为了成功，而是为了成长。成功，是客体的我需要的；成长，是主体的我想要的。原因很简单：生命在于运动，生命的本质在于改变。

有味

马塞尔·普鲁斯特（Marcel Proust）是20世纪世界文学史上的大人物，他的长篇巨著《追忆似水年华》的第一卷"在斯旺家那边"中，叙述者将一个小玛德莱娜蛋糕浸入他的茶中："带着点心渣的那一勺茶碰到我的上腭，顿时使我混身一震……一种舒坦的快感传遍全身，我感到超尘脱俗，却不知出自何因……这感觉并非来自外界，它本来就是我自己……然而，回忆却突然浮现在我的脑海：那点心的滋味就是我在贡布雷时某一个星期天早晨吃到过的‘小玛德莱娜’的滋味……莱奥妮姨妈把一块‘小玛德莱娜’放到盛有不知是茶还是花草茶的杯里浸过之后送给我吃。”

一勺茶碰到上腭，如何会让人想起茶泡过的蛋糕呢？答案在于感觉统合（sensory integration）。除了舌头的五种真正味觉（酸甜苦咸鲜）之外，所有复杂、微妙的食物味道都可以归因于它们的气味：咀嚼时鼻子后面的嗅觉受体受到刺激，挥发性分子通过一个称为“嗅觉”的过程逃离口腔。因此，普鲁斯特描述的内容形成了动人的“普鲁斯特效应”：气味具有独特的能力，可以解锁以前已经遗忘但却生动、饱含情感的回忆。

至于气味为什么能够解锁过往的生动、饱含情感的回忆，科学家们尚在研究之中。初步的研究成果显示，气味诱发的常是“遗忘已久”的记忆。因此，我们可以假设这其中“存在跨越长距离的效应”，是味“反”了回来让“诚”动和通了。由此，我们不得不佩服古人用词的讲究：味道，确实有道。

这世上有个非常有趣的现象，几乎所有美好的气味都是男人创造出来的。例如，最顶级的大厨，是男的；最优秀的香水师，也是男的。这是为何呢？不知道是否有科学家在研究这个现象，凭直觉，答案并不复杂：因为男人要泡妞。男人是理性的，女人是感性的，你和她讲理，没用，理她们都懂，她们就是不和你讲理。但不讲理总归不行啊！用味道唤醒她对美好事物的记忆，感觉好了之后，什么理都不用讲，她自己就化开了。这叫“味归形，形归气，气归精，精归化”。当男人们发现味道比讲理管用，就不断发明出各种味道啦！

演化到现在，味道已经不限于有气味的道，而是泛指一切能通过眼耳鼻舌身心让人产生涌现的道。例如一部情真意切的电影，我们会说有味道；一场荡气回肠的球赛，我们会说有味道；一首走心入肺的好歌，我们会说有味道；一个衣着得体风度翩翩的人，无论男人还是女人，都会说有味道。而这些味道中，有滋味、意味、趣味、情味，还有余味。总之，人们发明这些味道，是用来玩的，叫“玩味”。

生活中我们都有这样的体验：寒冬季节吃火锅，既能驱寒，又能使人胃口大开；而暑热天气下，几盘冷菜、几杯冰啤，却是最理想的美味佳肴。这说明，温度和味道有着密切关系。例如一首杜甫写的诗，吃顿饭，在他的笔下就变成值得玩味的诗了。我们吃人家一顿，摸摸肚皮跑了，到了明天，全没有了。读杜甫诗，他吃人家一顿饭，不仅他吃得开心，一千年后到现在，我们读他的诗，也觉得开心，好像那一餐，在我心中也有分，也还有余味。其实很平常，可是杜甫写在诗里，你会觉得“夜雨剪春韭”特别有味，因为他在短短数语中，写出了温度。

人生不相见，动如参与商。今夕复何夕，共此灯烛光。少壮能几时，鬓发各已苍。访旧半为鬼，惊呼热中肠。焉知二十载，重上君子堂。昔别君未婚，儿女忽成行。怡然敬父执，问我来何方。问答乃未已，驱儿罗酒浆。夜雨剪春韭，新炊间黄粱。主称会面难，一举累十觞。

当然，也不是所有人都能玩得出杜甫这首诗的味，但能够玩味的人，一定是幸福的，这跟品酒、品茶的幸福，是一样的。不过，品酒品茶是你自己在品，比起玩，还是差了点意思。你品的时候，你的孩子未必会和你一起品；你玩的时候，你的孩子是会和你一起玩的，而这会将饱含温度和情感的记忆永远地留存于——时间之外。这就意味着，过一种有味生活，很有必要。这样的生活，会让孩子的人生层级丰富一些，不至于像牛奶加咖啡，或是某浅浅的诗，或是在本该吟诵出“落霞与孤鹜齐飞，秋水共长天一色”的时候，说一句“我去，这么多鸟”。

好茶、好酒，都是时间沉淀下来的，有味生活也是一样。正是因为缺少时间沉淀的缘故，短视频那样的东西，才缺少了味道。例如油纸伞的制作，民谚道：“工序七十二道半，搬进搬出不肖算。”这“七十二道半”的工序要全部呈现出来，将是一部纪录片的容量。对大部分现代城市居民来说，快节奏的生活让他们更倾向于碎片化的娱乐，而短视频的呈现和传播绝不可能将这些“文化细节”一一展现。因此，“七十二道半”的工序只能压缩到大致的几步“号竹－做骨架－上伞面－绘花－上油”，工序部分的压缩，“文化细节”的忽略，消解了不同地区、不同风格、不同特色的油纸伞的区别，更消解了“核心技艺”和“核心价值”，变简单了。简单的东西就像心灵鸡汤，容易腻；复杂的东西虽然一时不好理解，却扎心并回味无穷。

我们假想一位嗅觉出现问题的人的生活：进餐时的期待被像是用纸板做的食品取代，夏天的微风不再有新割的草的气息，他再也闻不到妻子身上的香水味。而这些小的损失加在了一起之后，整体上就会是非常糟糕的感受。这只是假设，但久居兰室而不闻其香、久居茅房而不闻其臭，却是事实。从小生活在垃圾堆里的人，他的感官对脏乱差会产生适应感，从小长在一个优美高雅的环境里的孩子，他的感官对脏乱差有厌恶感。七十年代出生的人们看《大闹天宫》《哪吒闹海》《小蝌蚪找妈妈》《九色鹿》和《三个和尚》，以及进口的《米老鼠和唐老鸭》《花仙子》《蓝精灵》《鼹鼠的故事》和《聪明的一休》，现在的年轻人从小看的却是《喜羊羊与灰太狼》。而如果让没有味道的内容不受控制地野蛮生长下去，将会有越来越多的人过上“味觉”失灵的生活。

有些人可能会认为现代世界以视觉为主：饮料、饼干和糖果色彩鲜艳的包装无法靠嗅觉传递，“最好在……日期之前食用”的便利也无法被嗅觉取代，至于周围越来越多的数字景观，我们也不需要闻到那些我们看到的东西。不过，越来越多的证据表明，如果我们的目光没有锁定在屏幕上，我们可能会不经意地利用气味进行沟通。

还有人会认为，算法推送的懒人经济时代，不要说闻了，看都不用看了，扯这些干啥？事实是，人类倾向于高估人工智能的进步，却低估了自身智能的复杂性。例如，一张细节丰富又饱含情感的照片，其中有一些可以辨认出来的东西——一只狗，一个穿着迷彩服的女人，一束花，一台笔记本电脑，一句“欢迎回家”。这张照片讲述了一个故事，这就是为什么它被评为 2015 年 50 张最佳军事照片之一的原因。现有的人工智能程序无法理解它，给出了“我现在似乎不舒服”的借口，“以后再试”。当你用谷歌图片搜索的时候，谷歌只找到了那只狗。在做出这个决定之后，谷歌提供了大量“非常相似”的图片，其中唯一的共同点就是一只狗。这并非孤例。另外一张照片：奥巴马总统在他的同事称体重的时候，在他身后悄悄把脚尖搭在了体重秤上以增加磅数。任何人工智能程序都无法理解这一人类才有的幽默的味道。

机器看不出一张细节丰富又饱含情感的照片中的味道，人不仅能看得出其中的味道，还会回味。回味就像反刍。“老子骑青牛过函谷关”一直被人们津津乐道，他不仅骑着牛出函谷关，还是反骑着牛过的函谷关。这个形象是设计出来的，是在让我们回味“大曰逝，逝曰远，远曰反”，回味“反者道之动”，回味会反刍的牛。总之，回味无穷。如果你让机器看看“老子骑青牛”，没准他就只看出一头牛。

做中学

比尔·盖茨说他自己是一个读书人（Reader），一位学习者（Learner），一名教师（Teacher）。他还曾经说：10% 的学习来自于课堂，20% 的学习来自于书本，70% 的学习来自于做中学（On-the-job Learning）。他这么说，也是这么做的。但是做中学，并不意味着企业把学习的责任转嫁给员工，而是承担了更大的责任。

首先是制度设计。一年两次的考核，每次都会针对个人发展做考核，个人发展的考核结果也会进入绩效。个人发展如何考核呢？其实很简单，用的是驾考的方式。我们熟悉的考核，在教育学专业称之为常模参照测试，即根据每次测试的结果总和来划定，是事后协商的标准，被测者事先并不知道测试的内容和方式。常模参照测试的目的是花中选花，即不管被测者多么优秀，但只能根据一定的百分比来决定是否通过。驾考不一样，它是标准测试，是用一套固定的标准来比较被测者的成绩，是将被测者的能力展示的结果与能力标准进行比较的鉴定，即被测者的学习成果并不是与他人作比较而是与能力标准作比较。其目的是对照非协商标准来测试学习者的能力。

这样我们就明白了，微软要考核员工的个人发展，它就得先制定出能力标准。这套能力标准既包括专业能力方面的硬技能标准，也包括个人能力方面的软技能标准。个人能力又分为自主性和社会性，自主性指“作为个体思考和评价自身在职业、家庭以及社会生活中的发展机会，发挥自己的禀赋，制定并不断拓展人生计划的能力和意愿”；社会性指的是“与他人理性、富有责任意识地讨论、交流和相处的能力和意愿”。其实，自主性就是“自善”，社会性就是“兼善”。

每项能力分为四个等级。考核的时候先自评，再由经理评，如果有分歧，经理有责任以理服人，而你也可以据理力争。你不用担心，经理根本就不敢给你穿小鞋，因为每年考核员工的同时，员工还要给经理打分呢！经理他不对你好点，他的经理会根据你给他的分数和反馈来评价他的专业（管理）能力和个人能力。而且，虽然考核一年只有两次，但是关于能力发展的对话——你和经理之间——是一直持续着的，因为微软规定，经理每月至少要和下属做一次一对一的沟通，沟通之后以邮件记录谈话要点，存档。

既然有考核，那就一定得有目标。每个财年开始的时候，就是制定目标的时候。目标也是分为两部分：业务方面和个人发展方面。两者又是相互关联的。业务的目标不叫目标，而叫承诺，不是对领导的承诺，而是对自己的承诺。从 CEO 开始，一层一层地承诺，CEO 关于每项承诺的具体执行任务，就是他下一级的承诺，以此类推，公司总体目标就这样层层分解了下来。为了兑现承诺，就要具备相应的能力，能力不足，就要根据能力标准设定能力发展方面的目标。也是一样，个人发展的目标不叫目标，而叫承诺。这并非走形式，而是认真的。因为接下来，数据会汇总到 Learning Solution（学习解决方案部），他们会根据你的承诺为你提供学习解决方案（10% 课堂培训部分），各部门有相同需求的人，会按计划统一接受培训。整个系统运转得井井有条。而且，承诺——改变——承诺，形成了螺旋式上升，让想要成长的人，始终看得见改变的机会。

事实上，在微软这家顶级技术公司工作，受益最大的并不是专业技术方面的提升，而是个人能力的提升。编程毕竟是吃青春饭的，除非那些骨灰级的程序员，没有人会一辈子做程序员。个人能力提升了，却是自己一辈子用不完的财富。比如说“及时回报”（Update）的能力——

对，不是“汇报”，而是“回报”，就是微软时期在工作中被训练出来的。经理交待的任何一项工作，不是在完成了之后再汇报，而是要让他及时了解到进度，即使没有进度。但是回报的时候，你又不能废话太多，如果没有结果却又啰里啰唆，就是在耽误经理的时间。这就要在工作中训练拿捏的功夫了。拿捏不好，考核的时候经理拿出证据说你自主性有问题，你就没话可说啦！再比如说“及时跟进”（Follow Up）。Follow Up 不是 Follow，要点在于 Up，翻译过来叫“跟上”。既然 Up 了，就得要有 Update。这个时候，你又要拿捏了，跟还是不跟？其实只要你有一颗想要改变自己的心，尽管跟上。

至于课堂培训，也很有意思。美国人的培训，老师一板一眼地教，美国同事一板一眼地学，中国同事却不以为然。例如 PQPA（精准提问精准回答）培训，所有中国同事都表示接受不了，精准回答倒也罢了，让我们精准提问，做不到啊！我们可是点到为止。再比如“高效能人士的七个习惯”培训，真的是非常好的培训，受用终身。但美国老师费很大劲设计的情境和教案，来到中国根本用不上，因为中国同事拿到课件就悟出来了，这不就是修齐治平嘛！对传统文化了解多一点的人，还会将七个习惯和《庄子》内七篇一一对应。除了 PQPA，大部分涉及个人能力的培训，都可以在我们的优秀传统文化中找到对应。

不仅为员工提供系统性培训，微软还为合作伙伴制定能力模型标准和提供培训。乔布斯夸盖茨发展合作伙伴的能力天下第一，应该是肺腑之言，这个世界上恐怕没有哪个公司比微软更懂得“老伴，老伴，就是老的合作伙伴”的道理了。而且，也没有任何一家公司的合作伙伴架构会比微软的更复杂。微软的客户分为两类：大企业和中小企业，相应的，微软有专门负责大企业和中小企业的合作伙伴。微软是一家技术公司，合作伙伴除了会销售产品，还要具备一定的技术能力。于是，微软又将合作伙伴分为销售型和解决方案型。这样一来，就形成了一个合作伙伴矩阵。但微软的产品又非常多，一个员工不可能掌握微软所有技术，一个合作伙伴也不可能掌握微软所有的技术。因此，要为合作伙伴制定能力模型并量化合作伙伴的能力。光有能力还不行，还要有规模。微软合作伙伴部门有个经典的公式，叫产出 Productivity = 能力 Capability × 规模 Capacity。为了帮助合作伙伴扩大规模，微软会制定这样的奖励方案：如果完成了当季的业绩指标，微软会通过返点奖励合作伙伴一笔钱，专门用于招聘员工。同时，微软还会安排专人追踪招聘进度并提供培训和能力认证。而对于销售型的合作伙伴（代理商），尤其是服务于中小企业的代理商，微软考虑到他们没有实力也没有必要储备技术型人才，会配置技术支持工程师，远程帮代理商回答客户提出的任何技术问题。这就是微软。

随着技术的快速进步，这个世界确实涌现出了很多新的推动力，像极端的长寿，智能机器和系统的兴起，超级结构组织，等等，这些推动力让世界处在快速的变化过程中。那么应对未来日益复杂多变的世界我们需要什么样的技能？澳大利亚有个研究，在统计了几百万个职业后发现素养和能力变得越来越重要。这其中，增长最快的是数字素养、批判性思维、创造能力和解决问题的能力。

最近，杭州将一个叫李庆恒的年轻的快递员作为 D 类高层次人才引进，小伙子不仅可以优先摇号选房，还可以享受 100 万购房补贴和 3 万块车牌补贴，以及在医疗保健、子女上学等方面享受照顾。全国有 300 多万快递从业人员（据《中国邮政快递报》社 2019 年统计），为什么是 95 后的李庆恒？

从事快递业的 5 年里，李庆恒每天都在“自讨苦吃”。刚入职的时候，他是在客服岗。这个职务相对轻松，不需要参与配送环节，只要沟通客户，记录异常，提交反馈之类。但他却想，不去一线经历，怎么更好地服务客户？于是他主动申请支援一线，早上五六点到岗，晚上 10 点才回家休息，卸货、分拣、扫描、装车……有一次，一个客户下单了一批演出服。可是商家发货太晚，李庆恒接到客户催单电话时，已经是演出前一天晚上了。从杭州发往重庆的快件，还停留在杭州转运中心，正常情况最快也要 2 天。作为客服，李庆恒本不用负这个责任。但为了帮客户赶上第二天早上 8 点的演出，他跑到转运中心，硬是花了一个多小时从众多快递中找到这个包裹。之后，马上联系机场第三方货运站将包裹空运至重庆。航班起飞了，他还不放心，又联系重庆转运中心人员，拜托对方尽快送达。最后，本还需要 2 天时间的包裹，竟在当天晚上就到了客户手里。

后来转到分拣员岗位，李庆恒每天晚上都要把收来的快递赶在清晨之前分好，保证第二天以最快的速度发出去。久而久之，他开始练起一项提高效率的“绝活”：一秒快速分拣。只要看到快递单上的地址，就能马上背出对应的城市、区号、邮编以及航空代码。为了将这些信息烂熟于心，他没少下功夫，以至于有些“走火入魔”。在大街上看到汽车车牌，就会在心里默念：“浙 A，杭州，邮编 310000 ，区号 0571，机场代码 HGH 。”不止如此，他还能从数百件物品中，一眼就把固体胶、U 盘、打火机、人民币、乒乓球等航空禁寄物品“扫描”出来。能在 12 分钟内，作出 19 件快递的派送路线设计，用最少的时间、最短的路线，确保快递准时准确送达。“一万小时定律”说：要成为某个领域的专家，需要钻研一万小时。按每天工作 8 小时，每周 5 天算，成为高手，至少需要 5 年。李庆恒就这样在快递行业钻研了 5 年，获得了浙江省快递职业技能竞赛第一名，又被省社保厅授予“浙江省技术能手”称号。高层次人才资格的认定，就是来自于他过硬的业务能力。

问题在于，除了业务能力，还有个人能力，李庆恒在客服岗体现出来的更多的是他的个人能力，转做快递后，练就的与其说是专业能力，不如说是某个专项技能。官方认可他的，却只是他的技能，而这样的技能，在机器换人时代，恰恰轻而易举地就能被机器替代掉。反之，他在客服岗上体现出来的个人能力，才是不易被复制的能力，是数字化时代尤为难能可贵的“软技能”，各行各业都需要，每一个年轻人都想要。就李庆恒个人而言，凭借他体现出来的自主性和社会性，离开快递行业转做其他任何服务性行业，都会很快胜任。因为软是绝对的，硬是相对的。把绝对的做成相对的，容易；把相对的做成绝对的，难。软技能变为硬技能，容易；硬技能变为软技能，难。换句话说，在这样的时代，让饭碗变铁的不是硬技能，而是软技能，这是个“吃软饭”的时代。知识改变命运的时代，已经过去；素质改变命运的时代，已经到来。

无论是硬技能还是软技能，都需要能力标准来引领。美国的能力标准由大企业制定再转移到职业院校，德国的能力标准由行业协会制定，澳大利亚的能力标准由政府牵头制定，我们的能力标准，正在由学校自己制定。学校制定能力标准不是不行，问题在于，学校里的老师，有几个在企业里呆过呢？这是问题的一个方面。另外一个方面，我们所有职业院校给自己定的目标是“国际可交流”，既然是“可交流”，意味着之前压根儿就没有交流。西方国家之间是如何交流的呢？例如微软的能力标准，他是根据美国研究型大学研究出来的模型，再结合企业的特点在咨询公司的帮助下制定出来的。而美国研究型大学研究出来的模型，却是不折不扣地从德国学来的。因为德国才是公认的职业教育之王，正是德国的职业教育成就了“德国奇迹”。而德国职业教育的成功关键在于产教融合，产教之所以能融合，则在于德国的产与教都以德国人引以为豪的文化为底色。（反过来，我们的职教和产业“两张皮”，不正是因为缺少共同的文化来融合吗？）也就是说，是文化成就了德国的产教融合、职业教育和“德国奇迹”。

相对于其他的西欧资本主义国家，德国的工业化起步较晚，政治上也是“晚生”。但是翻开18、19世纪的德国史，一个非常突出的印象是在政治、经济相对落后的德国，精神文化领域发达而健壮。正如一位西方学者所言：“德国的荣耀，并不是军事上的征服，而是精神文化的建树。”德国人不由自主地要将文明与文化区分开来。在德语用法中，“文明”指的是有真正用途的事物，但无论如何，这种用途的价值只能屈居第二，它只是由人类的外部表现和人类生存状态的表象组成的。最令德国人引以为豪的，用以阐释他们自身成就与自身存在状态的词汇，则是“文化”。

但德国文化的底色又是什么呢？当年，欧洲的传教士来中国传教并不成功，却经康熙的推荐把朱熹理学带回到了欧洲。德国的大数学家、哲学家莱布尼茨认真研究了理学后，他独特的有机论哲学被激发了出来。而到了康德，他从牛顿和莱布尼茨两方面吸取养料，康德的先验论明显和朱熹“理在气先”论相契合。进而影响到以马克思、怀特海为代表的现代有机论世界观。尽管对莱布尼茨思想的理解和历史考证还存在一些问题，但李约瑟深刻地洞察到中国古典自然观与西方现代有机论哲学之间存在着令人惊讶的契合，这无疑对我们反思朱熹理学的价值和现代意义具有重大启发。至少，应该会启发我们的职业院校不要再“国际可交流”了，有点志气吧！孩子们在等着你们呢！

金融危机之前，哈佛学院（Harvard College）的前院长哈瑞·刘易斯（Harry Lewis）在他的新书《失去灵魂的卓越》（Excellence without a Soul）中对哈佛本科教育做出了批判。刘易斯认为："如今这所大学的办学思想中已经找不到社会责任感的存在，而古老的通识教育理想也已经有名无实，哈佛教育不再致力于解放人的思想和精神，而是重视市场名利。它所培养的学生，尽管成绩优异，毕业后也可成为商界、政界名流，但却找不到责任感、价值观的灵魂。""哈佛是这个星球上所有的高中生最好的归宿"。但是刘易斯认为，尽管不论从声誉还是从研究成果、捐赠数目来看，过去的这10年以来都是逐年增长，可是在教育的内核——对人的培养上来说，哈佛却逐渐迷失了自我。"学生与大学的关系，正逐渐演变为消费者与出售昂贵商品和服务的卖主之间的关系"。"为了取悦学生，以便在所有重要的大学排名中名列前茅，大学用'糖果'哄骗学生，而不是采取严格的措施锻炼学生的品性。大学把学生当成雏鸟加以呵护，而不是鼓励其挣脱巢穴的羁绊。"学生只是从那些迫不及待想录用他们的公司那里，了解关于商业如何创造就业的知识。刘易斯批评说："如果哈佛毕业生把咨询服务业和金融业作为通向美好生活的首选，那么就说明我们的教育制度存在问题了。"

金融危机之后，哈佛进行了反思。2017年哈佛大学新生开学典礼上，校长德鲁·吉尔平·福斯特（Drew Gilpin Faust）在对新生的致辞中说了这样一段话："让我们都尽己所能，努力使哈佛成为一个人人相互尊重的地方，从而让我们所有人都能做最好的自己。面对着全美各地不断涌现出的仇恨和暴力事件，我们需要坚持一种不同的共处方式。在这样一个破裂和分化的时刻，让我们成为团结的榜样。我们从未像现在这样需要哈佛的承诺。欢迎你们来到哈佛。"2020年，由哈佛大学教育学院牵头，美国300多所著名院校招生主任联名发布2021年招生指引，目的是告诉2021年季申请的学生和家长，什么是录取时重要的，什么是不重要的。首先，最值得注意的是，新指引把自我照顾和照顾他人，提到了前所未有的重要位置。学术表现，尤其是分数，在录取的地位大大降低了。招生官强调，学生要呈现自己在面对疫情困境时，遇到哪些学业上的困难，如何努力的。更强调学生在特定的家庭生活背景下的学术表现；对家庭、社区和他人的贡献；强调学生的努力过程，而不是结果。这份指引的核心理念包括：公平（equity）、平衡（balance）、自我照顾（self-care）、照顾他人（care for others）、有意义的学习（meaningful learning）。不要以为这是应对疫情的短暂措施，他们这是在做中学——在实践中找回失去的灵魂。

而哈佛的灵魂，也来自德国。作为现代大学之源的“洪堡精神”，以自由为灵魂、以科研为核心，其基础却是人文精神。意味着，真正的大学精神，不但是科学技术的进展和应用，也是人类精神文化的家园。洪堡认为，传授高深知识是大学的基础，但这种知识不是实用的、专门化的知识，而是一种“纯科学知识”，即一种脱离社会需要，超越社会现实的理念性知识。他极力主张的科学研究也不是实用性科学研究，其目的完全是为了心性和品格的陶冶，为了个人和思想的完善。洪堡精神对现代大学的发展产生了深远的影响。

在美国有这样一句话：先有哈佛，再有美国。因为1776年美国独立建国的时候，哈佛大学已经成立140年了。当时，几乎所有的美国独立运动的先驱都毕业于哈佛大学。其实，哈佛在最初建校的200年里，并没有这么厉害。由于哈佛是由最早在美国殖民的一批清教徒创立，所以在很长的一段时间里，哈佛的领导者都是由神职人员担任，课程设置也带有浓厚的基督教色彩，和现实社会严重脱节，学生没有选择的权力，更别说学习的热情了。1869 年，35 岁的化学家查尔斯·艾略特担任哈佛大学第 21 任校长。一上任，他就提出，哈佛的教育必须“覆盖全人类的知识”。艾略特将哈佛大学从原先狭隘的宗教信仰中解放出来，并效法洪堡，课程从 70 多门急速增加到 400 多门，学生可以自由选修政治、文学、艺术、哲学、经济、历史等各个领域的课程；教师从 49 名增加到了 278 名，他们鼓励质疑和争辩，来激发学生的学习动力；他还出版了“哈佛经典”系列，囊括了人类历史上各个学科领域最重要的著作，代表了“一个现代文明人所必须知道的那些知识和素养”。哈佛大学从此走上了气象宏伟的通识教育。正是这种博大的通识教育，改变了哈佛，也改变了整个美国教育，有人认为艾略特上任的 1869 年，“同样可以看作现代美国的出发点”。但通识教育的源头，却在中国。

今天，我们中国的教育，第一大错误，是在一意模仿西方，抄袭西方。我们不是要故步自封、闭关自守，也不是要不懂得看重别人，不懂得学别人长处来补自己短处。但应有一限度。切不可为要学别人而遗忘了自己，更不可为要学别人而先破灭了自己，以至于在应该认识自己的时候却认不出来了自己。

Whiplash : How to Survive Our Faster Future 这本书最近很火，也很有意思。从这本书中，我们可以知道未来的教育应该帮学生训练什么东西。书中提到未来社会九大生存原则：涌现优于权威；拉力优于推力；指南针优于地图；风险优于安全；违抗优于服从；实践优于理论；多样性优于能力；韧性优于力量；系统优于个体。关于未来社会，虽很难准确预见，但一系列趋势不可避免，会迫使我们转变已经习惯了的生活和工作范式，因而也有了上述新的生存法则。归结一点：知识改变命运的时代，即将过去；素质改变命运的时代，已经到来。

连接的艺术：让他人伟大你更伟大

思考意义

有这样一个故事，一个老头在海边钓鱼，每天就那么悠悠闲闲地钓几条鱼，够维持生活就不钓了。一个大富翁拿着鱼竿来到海边坐在老头旁边钓鱼。大富翁对老头说，我给你个建议：你每天多钓点鱼，吃不了把它卖掉。老头说：卖掉干什么呢？富翁说：把钱攒起来。老头说：攒钱干什么呢？富翁说：用它买条船，去打更多的鱼。老头说：打更多的鱼干什么呢？富翁说：卖了鱼买更多的船，打更多的鱼。老头说：打更多的鱼干什么呢？富翁说：将来像我一样住大房子，吃好吃的，还能到处旅游，到海边悠闲地钓鱼。老头说：我现在不就是在海边悠闲地钓鱼吗？

钓鱼的老头不努力工作创造财富，显然是不对的。但是富翁都没办法说服这个固执的老头，我们能改变他吗？答案是肯定的。只要在“住大房子”那一句后面补上一句话：将来你孙子和他儿子讲屈原写的《渔父》或者海明威写的《老人与海》的时候，可以顺带提提你。

富不过三代，穷也穷不过三代，到了重孙子那一辈，他们能不能记住你，和钱一点关系都没有，只和意义有关，并且是和你孙子的个人意义有关。你穷，他肯定不会和他孩子说你；你只是个会赚钱的富翁，他也不会和他孩子提起你。

还可以这样思考：千年以前杜甫写的“夜雨剪春韭”，至今留有余味，贾诗人的“一坨屎”，能传多久呢？那么，杜甫的诗为什么能流传千年呢？这是因为他写诗的时候就已经有了这个目标。“关关雎鸠，在河之洲。窈窕淑女，君子好逑。”是古代劳动人民创作的，传到他的时候，已经1000多年了。我们今天会思考他的诗为什么历经千年仍有余味，当年的他一定也有过同样的思考。我们今天会用科学原理分析他诗中的味道，他虽然不知道古代劳动人民创作的诗为什么有味道，但是他知道其中有味道，并立志要“贤贤”。

所以，要让重孙子记住你，首先要记住重孙子，晚辈们只在乎和他们有关的意义。这就是付出用心的改变。这个意义未必有多么伟大。“夜雨剪春韭”，写的是食；“窈窕淑女，君子好逑”，写的是色。在日常的生活中容入点味道就行。

人工智能写的诗，可以流传千年吗？事实上，机器在翻译、阅读理解和类似方面达到人类水平的可能性极小，完全来自网络数据，而且人们基本上对它们处理的语言没有真正的理解。语言依赖于常识性的知识和对世界的理解。缺乏人性化的理解写出来的诗，自然是无味的，这才造就了贾诗人的底气，怎么说，一坨屎，还是有“味”的。

机器写的诗没有味，那么有没有道呢？显然也是没有的。没有意义，语言就不是自然的。机器既然缺乏人性化的理解，连一张细节丰富且有着故事的照片都没法理解，又怎么能够理解语言中的意义呢？所以，机器出来的语言，注定是不自然的。“道法自然”，不自然，就不会有道。没有道，就不存在“跨越长距离的效应”。其实，问题很简单，机器会像杜甫那样思考，像古代诗人看齐，以古代诗人为榜样，立志写下千年不朽的诗作吗？如果它真会这么想，那它就不是机器了。那么，创造它的人会不会有杜甫般的志向，借助它所创造的机器创作出流传千年的诗呢？想来也是不会的。不要说为机器写的诗赋予千年意义了，他连让机器写诗的意义都没有搞清楚。让机器写诗，让机器创作的“作品”和肖邦的真正作品几乎没有区别，这，有意义吗？你重孙子会以你的“作品”为荣吗？

在最后的最后，或者说在生命的尽头，你是否在绝大部分时间中感到快乐，这其实并不重要。重要的是拥有一个动人的故事可以诉说。为了这件重要的事，任何时候自问某件事情是否有意义，答案必须来自这件事对于某个人或者某些人有没有意义。小而言之为家人，大而言之为国家、为社会、为世界。思路决定出路，能思考出这个思路的人，便有了出路。问题在于，受思维的限制，很少有人会这么思考，而思维的背后，则是思想。出路是未来，思路是方案，思考是能力，思维是模式，思想是体系。

2013 年 11 月，当时因“山寨版”的出现而身处困境的星巴克，推出了一个咖啡闹钟的玩法。玩法非常简单，你在 App 里设置好叫醒闹钟后，系统会问你几点喝咖啡。大多数美国人有早上喝杯咖啡的习惯。比如设定六点半起床，七点半喝咖啡，星巴克就会和你有一个约定：如果你能够在七点半前赶到附近的咖啡馆喝咖啡，星巴克奖励你一颗星，这颗星意味着积分加倍。星巴克推出这个玩法是在 11 月的下旬，天气刚转冷，人们起床的时候会有意无意地赖一下床。于是，星巴克在门店和咖啡闹钟里配上了一段温馨的话，画龙点睛：一杯浓浓的咖啡，不仅能叫醒你，而且能把你从床上拽起来。正是因为这句话，让咖啡闹钟有了味道，小时候妈妈或者奶奶用浓浓的香味把你从被窝里拽起来的情境，涌上心头。星巴克因此有了新的出路，而出路的根本，是舒尔茨受派克鱼市的影响，接受了包容性增长的思想并形成了超越型、系统型、创造型和兼容型的王者思维模式。这种思维模式既不同于跳跃型、逆向型、辩证型和本质型的天才模式，更不同于混乱型、封闭型、直线型和发散型的普通模式。

王者模式的思维很像中国象棋“炮打隔子”的思维。国际象棋棋后谢军酷爱下中国象棋，在她看来，中国象棋与国际象棋相通，但搭炮架子的走法，是中国象棋独有的。星巴克把消费者的情感记忆作为“炮架子”，是超越型、系统型、创造型和兼容型思维模式的综合运用。

中国象棋是中国人下的，中国人自然更擅长“炮打隔子”，只不过我们不重视“情感记忆”，而是习惯于“朝三暮四”。“朝三暮四”是《庄子》留下来的寓言故事：一群猴子，早上给每只猴子三个橡子，下午给每只猴子四个橡子，猴子不高兴；换成早上四个橡子，下午三个橡子，猴子就很高兴。庄子最后评论：“名实未亏，喜怒为用”。各位不妨思考一下，我们的喜怒是否被经常作为了炮架子？我们是否活成了猴？

个人意义和个人的情感记忆有关，也和你有关，你为他留下的情感记忆，将来的某一天，会唤醒他的意义。有时候，不仅会唤醒意义，还会让他坚守意义。例如，粉丝为什么会忠于自己的偶像？以刘德华为例，他带给粉丝的快乐体验，为粉丝留下了美好记忆，与其说粉丝是忠于他，不如说粉丝是忠于自己。忠于自己，就是意义。而如果你愿意做个“朝三暮四”的人，会收获这样的粉丝吗？

除了个人的情感记忆，还有民族的情感记忆，我们的民族，有着世界上任何一个民族都无法比拟的、丰富细腻的情感记忆。放弃朝三暮四的活法，开始重视情感，过有味生活吧！

情感记忆可以作为“炮架子”，能够作为“炮架子”的却不只有情感记忆，因为我们不仅关心自己对过去的记忆，也关心对未来的希望，关心广阔世界的情况，更关心自己正在过的生活，比如深爱的妻子或丈夫。你把老婆当皇后，你就是皇帝。因为她心里有杆秤，你说到做到了，她就会幸福，就会觉得让你当皇帝这件事，特别有意义。反之亦然。幸福的家庭一个样，不幸的家庭各有各的样。幸福家庭的样子，就是皇后和皇帝的样子。同样，幸福的企业一个样，不幸的企业各有各的样。幸福的企业把客户当粉丝，比如帮老公把老婆当皇后，或者帮老婆把老公当皇帝，自己就成了他们的偶像；不幸的企业把客户当上帝，但是对上帝的解释权，不在于客户，也不在于自己，而是在于牧师，客户心里面的那杆秤，没法称。

生动表达

日本有一家做瓷器的企业，他们为了打开欧洲市场，找到了英国皇室。英国皇室每年有一次“玫瑰皇后”比赛，日本企业说我们来赞助比赛，条件是评比出来的“玫瑰皇后”的 IP，在瓷器方面的使用权，要独家授权给他们。这样一来，这家企业就成功地把英国皇室作为了炮架子来打市场。而将带有“玫瑰皇后”的瓷器作为结婚礼物送给新人，既寓意爱情的纯洁和高贵，又把新娘子比作皇后让人心情愉悦，更寄托了精心呵护婚姻的美好期许——瓷器就像婚姻，碎了就碎了，所以应该像呵护瓷器一样呵护婚姻。而瓷器上有一朵英国皇室评出来的玫瑰皇后，这样的瓷器实在珍贵，必须用心呵护好。这又是把“玫瑰皇后”作为了炮架子来影响新人呵护婚姻的意识。

老话说“要打小鬼，借助钟馗”，就思维而言，中国人并不缺。但“钟馗打鬼”和“朝三暮四”一样，还是没有把人当人。水往低处流，人往高处走。人往高处走，是人的意识往高处走。所以，炮架子的真正价值在于，要帮助人们的意识往高处走，让人们活得更有意义。

人的意识如何往高处走呢？毛主席在《实践论》中指出：人们只有在社会实践中达到了思想中预期的结果，人们的认识才会被证实。朝三暮四中的猴子就是这样，它预期比之前要多吃一个，养猴的老人家让它在“实践中”达到了思想中预期的结果，它的认识（老人家对我不错）便被证实了。钟馗打鬼也是一样，人们思想中预期钟馗能打鬼，你把钟馗弄来了，他们对你的认识就被证实了。问题在于，朝三暮四和钟馗打鬼，一个是喜怒为用，一个是焦虑为用，而日本的瓷器公司，是理念为用——它通过理念的植入在消费者的思想中设定预期，再用炮架子（英国皇室和玫瑰皇后）帮助消费者在实践中达到思想中预期的结果。在这个过程中，不仅对品牌的认识被证实了，意识也随着认识的提升而提升。

实际上，毛主席的这段话，说的就是用户体验形成的过程。体验来自于真实，人的真实感的形成，就在于在实践中达到思想中预期的结果。有两种方式可以让人产生真实感，一种是忠于所言，让客体的那个我感到真实；一种是忠于内心，让主体的那个我感到真实。朝三暮四和钟馗打鬼，是忠于所言；日本瓷器公司的做法，是忠于内心。类似的还有好莱坞环球影城和迪士尼。前者说带你体验电影中的真实场景，它就设法模拟电影中的场景，你觉得确实和说的一样，就会有体验；后者说带你去梦幻乐园，谁都不知道梦幻乐园是啥样，你没法比较，但为什么体验感却更强呢？就在于它的理念是用心提出来的，关注到了每个人内心深处的目标和渴望，你在游玩的过程中，只要心动，你的心就和迪士尼的心通了，就会有体验。

但理念毕竟看不见摸不着，它需要载体，这个载体，就是形象，也叫品牌——不是吹牛皮式的品牌，而是将心注入式的品牌。做这样的品牌就像写作文，任何一篇作文都要有中心思想。品牌也是一样，要有中心思想，即品牌理念，也就是我们一直在说的给人带去的意义。品牌理念生发出来了之后，再把品牌讲成故事，形成形象。

品牌理念的内核是价值观，中间一层是目标和使命，外面一层叫做品牌承诺。价值观是内心生发出来的，也就是常说的初心；品牌承诺是向消费者做出的承诺；连接初心和承诺的是使命。三生万物，有了这三层，故事的内容会自然丰富起来，品牌形象便会丰满起来；三层缺了任何一层，都不会成为好故事，能够唤醒情感记忆的品牌，就不可能立得起来。

以茅台酒为例，价值观我们已经梳理出来了，就是它核心工艺中所蕴涵的精神——成人达己。但是价值观不能当饭吃，得把价值观先转换为价值主张，再转换为价值感。使命就是价值主张，茅台酒这个民族品牌，能否承载着中国人特有的“成人达己”价值观，成为世界风景呢？“民族品牌世界风景”，便是茅台酒的使命。价值感就是承诺给消费者带来的意义，如何做出承诺，我们还是先回到茅台酒的酿造过程。

酱酒的另一个重要的特殊工艺是“长期陈放”。经过 1 年的制酒生产，新酒（基酒）被生产出来，接着就进入“长期陈放”阶段。从新酒入库，工人们就要进行小心照料。每个工人要管理1000多个大酒坛，不但要根据气候来调节库内空气对流，擦拭酒坛，让其亮到照得见人影的程度，而且，还要保持地面清洁，不能有水渍，以便及时发现和掌握酒坛的渗透情况。新酒入库一年后，便进行“盘勾”，接着再陈放，达到3年，酒才基本老熟。长期陈放的过程中，酱酒会发生一系列物理、化学因素引起的变化。物理因素引起的变化，如缔合作用；化学因素引起的变化，为氧化还原反应、脂化反应、综合反应等。从而更大程度地有效排除了那些暴辣、刺鼻的异味杂质，使酒体变得柔和、绵软，香味组份愈加丰满、幽雅。总之使酒进入人体后产生优雅、细腻、柔和、丰满、愉快等感觉。

如果说“三高”工艺是“大迂回”，“长期陈放”便是“大穿插”了。众所周知，中国人民解放军的经典战术和光荣传统之一就是“大迂回、大穿插”，而历史上这种战法的代表人物是霍去病。司马迁《史记》记载汉武帝饮了产于今茅台地区赤水河一带的“枸酱酒”而“甘美之”，既然汉武帝饮了“枸酱酒”，我们有理由相信，他一定会邀请他的爱将霍去病共饮。这样，借由“大迂回、大穿插”和《史记》，茅台酒就和霍去病联系上了。霍去病曾经被汉武帝“一线封为冠军侯”，而好的酱酒都有“一线封喉”的特点，所以，我们不妨来做一款叫做“一线侯”的茅台酒。

想到霍去病和“一线封为冠军侯”，“日落照大旗，马鸣风萧萧”的味道便飘然而至，这是何等壮观？何等荣耀？由“风萧萧”还可以联想到中国历史上另外一位了不起的男人——荆轲。“风萧萧兮易水寒，壮士一去兮不复还”，也是荣耀。尊耀，是因为别人需要你才需要；荣耀，才是内心想要，是文化影响下的自觉。全世界不管是讲利益还是讲良知的社会，都重视荣耀的传承，我们今天传承的是“成人达己”的荣耀。当年的酿酒人战高温，是成人达己；当年的霍去病奋勇拼杀，也是成人达己——成就了今天的我们，也显达了他自己。将“传承荣耀”的精神注入品牌后，“一线侯”就可以做出“人生得‘意’一线侯”的品牌承诺。“神采飞扬中国郎”，是贴在郎酒外面的一层皮，“人生得‘意’一线侯”，给了人们一个改变的期望——这酒是要在做了有意义的事、见了有意义的人的时候才喝的。从“成人达己”，到“民族品牌世界风景”，再到“人生得‘意’一线侯”，形象是不是逐渐丰满了起来？至于内容，是自然而然，水到渠成的。人们会在网上分享属于自己的荣耀时刻的，在天上的“酒仙”李白也会来助助兴——人生得“意”须尽欢，莫使金樽空对月。

再以阳澄湖大闸蟹为例。曾有诗云“不是阳澄湖蟹好，人生何必住苏州”。现如今，因为不计其数的“过水蟹”，阳澄湖却成了金秋时节最尴尬的名词：商家卖力吆喝，买家则听得耳朵起茧，心生厌烦。

和很多人的想象不同，野生大闸蟹严格说来并不完全是淡水生物，而是一种具有洄游习性的节肢动物。幼年时，大闸蟹在海水或江河入海口的半咸水中孵化出生，浮游生活。海水中丰富的藻类和微生物，为蟹崽提供了充足的食物和相对安全的生长环境。随着蟹体成长增大，本着趋利避害的本能，大闸蟹会逆游而上，在天敌较少的湖泊淡水环境中生活——这也是长江流域天生比黄河、辽河等河流更适合大闸蟹生活的原因。丰沛的水资源和密布的水网，让幼蟹在逆游而上中，更容易找到水流平缓、食物链简单的湖泊。而这，也是长江下游蟹品质最高的原因：相比千里迢迢洄游到中游，早已劳累变瘦的螃蟹，只有生存力强、个体强壮的蟹，才能占据下游最省力就能到达的地方定居。而阳澄湖，正是长三角地区，距离长江干流和入海口最近的大型湖泊。

除了地理优势之外，阳澄湖本身，也有很多宜于大闸蟹生长的环境优势。这片面积与苏州市区差不多大的湖泊，平均水深达到 2 米，水位稳定，有着很强的水质自净能力。此外，由于成湖历史长、自净能力强，湖底 65% 以上的面积都是硬质土，甚至还有清代留下来的大量青石板铺底，相比于淤泥，这种环境能让蟹体更加干净。且螃蟹挖洞需要足够的力量，客观上让大闸蟹“锻炼”得更壮实。所以，阳澄湖大闸蟹的盛名货真价实。

改革开放后，基础设施建设突飞猛进。但对于野生大闸蟹来说，因为自然水系上被各种堤坝水闸阻隔，自然洄游的成功率被大大降低，产量直线下降。与此同时，随着社会经济的高速发展，人们对优质食材的需求越来越高，大闸蟹开始越来越多地飞入寻常百姓家。养殖，是解决这对矛盾的必然选择。

大闸蟹的养殖和大部分水生鱼虾不一样，要人工模拟洄游的环境：先把蟹苗蟹种放在江河入海口的半咸水域养大，再投放到内陆湖泊里。一夜之间，阳澄湖的地理优势不复存在：长三角地区，所有的蟹苗都要在崇明岛长江入海口养殖，再以定向采购的形式，转移到太湖、洪泽湖、高邮湖、固城湖、沙家浜和阳澄湖……不管是哪里长大的蟹，大多数冠以阳澄湖大闸蟹。尴尬的阳澄湖大闸蟹，该如何重塑自己的形象呢？

众所周知，阳澄湖除了大闸蟹，还是昆曲的发源地。昆曲曲调优美，但很少有人知道，云遮雾绕的昆曲，居然唱来唱去，唱的是一个“义”字。因为中国人讲义的时候，喜欢说义薄云天，义盖云天。昆曲绕来绕去，渲染出一个“云天之上”的情境，再结合上它唱的有关义的内容，你就会琢磨出义薄云天的味道来，过去经历过的义气的人和事，便会涌现出来。

在阳澄湖，还有着这样一个传说。几千年前，江河湖泊里有一种双螯八足、形状凶恶的甲壳虫。不仅偷吃稻谷，还会用螯伤人，故称之为“夹人虫”。后来，大禹到江南治水，派壮士巴解督工，夹人虫的侵扰，严重妨碍着工程。巴解想出一法，命人以开水烫之，看起来可怕的“夹人虫”瞬间变色，且有异香。巴解亲身尝试，成为了“第一个吃螃蟹”的人。大家为了感激巴解，用解字下面加个虫字，称夹人虫为“蟹”，意思是巴解征服了夹人虫。巴解的故事体现的正是“义”，他的初心就是变害为利，既不让夹人虫伤人，还要让夹人虫帮人。

这样一来，很明显，阳澄湖大闸蟹是有价值观的，这个价值观，就是“义”，阳澄湖大闸蟹的使命，并不在于要卖出多少只大闸蟹，而是用蟹来承载它的文化，用蟹讲述一个关于义的故事，代代传承下去。从今以后，阳澄湖大闸蟹卖的不再是蟹，而是人。好水出好蟹，人人都知道。正宗的阳澄湖大闸蟹，之所以有青（背）、白（肚）、金（爪）、黄（毛）的特点，就在于阳澄湖的水好。然而，如此高密度的养殖，如何确保水质不受影响呢？这就靠阳澄湖人的素质了。不要说养殖过程不用任何化肥和添加剂，就连矿泉水瓶都会被规定不许放在船头，以免落入水中。做出这个规定的不是政府，而是当地的养蟹带头人“蟹蟹大姐”。过去十年，她为当地农户搭建了一个公共服务平台，一边保障蟹苗和饲料的供应，一边开拓市场渠道。她为农户提供蟹苗有一个特点：农户订300斤蟹苗，她永远提供310斤。因为担心蟹苗中有断腿的而让农户吃亏。我们都听说过李嘉诚早年做塑料花的时候，给客户发的货总是要多加一支花。“蟹蟹大姐”的境界要比李嘉诚高得多得多，因为她坚持这么做了很多年，农户是不知道的。农户能感知到的是，因为有她的存在，省心省力又多赚了钱。他们回报“蟹蟹大姐”最好的方式就是对螃蟹更加好一点。

曲因湖而尚其清，湖亦因人而增其美。昆曲，云天之上，唱的是义；蟹，亦因人而义。蟹蟹大姐，真心真“义”。以后人们再买阳澄湖大闸蟹，买的就是一个“义”字。这年头，上哪儿能买到能体现自己的“义”的礼物，送给曾经帮助过自己的人呢？

还有一家来自宁夏的企业，他们带领当地农民在沙漠中种植成功了红树莓，但是销售成了大问题。因为红树莓特别娇贵，哪怕是在北京郊区种植，运到新发地，如果路上温控不到位的话，都会有损耗。运输有问题，鲜果没法卖，那就酿酒吧！酒酿出来了，还是没法卖。为什么呢？因为没有故事。其实他们并不缺少故事，关键是如何讲成和消费者个人意义有关的故事。在沙漠中带着贫困农民种红树莓，比在戈壁滩上搞什么徒步走，要有意义得多，但去戈壁徒步行，却几乎成为了一种时尚，这是为什么呢？因为去戈壁的人，他觉得这事对他有意义，往近了说，他可以给自己的员工和合作伙伴讲个牛气冲天的故事，并以此激励大家；往远了说，他想让他儿子和他的儿子说他爷爷当年如何如何了得。也就是说，他想留下点味道。红树莓酒，能不能帮助他留下点味道呢？我们可以帮这个酒讲一个“挑战不可能”的故事。“挑战不可能”本来就是他们的品牌精神，问题出在了“诚”字上。鲜果不好卖，就改酿酒，为什么不迎难而上，继续挑战不可能呢？无非就是冷链运输问题嘛！中国人已经在冷链技术方面挑战成功了不可能。冷链最大的悖论在于：现代物流的标志是集装箱，但冷链恰恰就没有集装箱。为什么搞不出来冷链集装箱呢？冷链集装箱相当于一个移动冰箱，但传统压缩机技术的冰箱，最怕的就是移动。现在，中国人已经发明了可移动的冷链集装箱，有了集装箱式的冷链，红树莓运输过程中就无需开箱、入库再出库，并且可以全程精准温控。最重要的是，去了中心化运作的冷链之后，个体都能够参与到“挑战不可能”。比如，上海的客户订了一箱红树莓，宁夏那边的快递小哥将箱子送上高铁，通过高铁快运，箱子当天就可以到上海。到上海后，可以是快递小哥送，也可以是某位乘客在手机上“接单”后，顺路就送过去了。这样，他就参与“挑战不可能”了。再之后，你再向他推荐红树莓酒，他会拒绝吗？他一定会骄傲地和人说，这是我参与创建的中国人自己的红酒品牌。很多年后，他的孙子会品着这个酒，自豪地和他儿子说，这是你曾祖父当年参与的酒，他挑战了不可能。

你能创造的最强大的意义，以及你能在你接触到的所有人心目中确保的最高的价值，就是一个对社会、环境和人类友好的真诚的形象。形象是设计出来的，设计是一种信仰！例如“香草美人”，是屈原设计出来的形象。屈原洁身自好，一心追求自由美好，然而事与愿违，他只好借助“香草美人”展现自身的美好心灵和高洁品质，表达自己的主张以影响后人。子孝可获得父慈，兄友可获得弟恭。人心有感应，我以此“感”，彼以此“应”。但有些感应，不在当时，而在久远。如岳飞是一个忠臣，在当时，他并没有感动宋高宗和秦桧，似乎白死了。文天祥也一样。可是他们的忠不曾保存了宋代，却和屈原的诚一样，保存了中华民族和中华文化的长久绵延。他们的故事留在过去，形象却立于未来，跨越长距离，让我们在感应中涌现。今天的我们不要短视，不要狭看，要留下点什么，让我们的后代去感应。

有效送达

很多人都害怕演讲。事实上，没有一个人生来就会演讲，所有好的演讲，都是设计出来的。关键在于，会演讲的人，很少会告诉你演讲的诀窍，就像魔术师从来不告诉你他的“魔法”。当然，泄露魔术技法，是不道德的行为，因为是对魔术师发明并辛苦练习的劳动成果的不尊重。但是，告诉人们演讲的诀窍，却是合道的。

演讲的诀窍在于六个字：凤头、猪肚、豹尾。凤头，即价值观；豹尾，是价值；猪肚，是将价值观转化为价值的演绎过程。其中凤头最为关键，好的开头是成功演讲的一大半。这意味着输出价值观，并不是喊口号或抒情式的，把你的价值观从外部装进听众的头脑里，而是要让你自己先进入听众的内心，和听众融为一体，再让他们自己从内部去推动。人从来都不会被别人改变，能改变人的，只有他自己。凤头起到的作用，就是用价值观把你和听众连接成为一体，这要求你的开场白，必须和听众的个人意义有关。要达到这个目的，你的开场白，就必须有味道了。实际上，讲得再俗一点，“凤头”就是“前戏”。

例如在一场给保险业务员做的演讲中，来自台湾的一位保险界的老手，是这样设计“凤头”的：演讲前，他先是让人架了一个宽不过 1 米、长 30 米、最高可达 10 米的“桥”。演讲开始，桥高 1 米的时候，他拿出 100 块给敢于上桥的人，大家纷纷举手；3 米高的时候，还是很多人愿意一试；6 米高的时候，人数减半；10 米的高度，即使出 500 块，愿意试一试的人也很少了。之后呢，他放了一段视频，视频中一栋高楼起火，失火的是 28 层楼的一户人家，里面有孩子，消防员从对面的大楼架了一个桥。桥刚架好，消防员正准备救人的时候，孩子的父亲已经从桥上冲了过去。他用爱与责任连接了大家，传递的价值观是保险业务员卖的不是保险产品，而是爱与责任。

说到中国商业史上最经典的演讲，没有之一，非唐骏先生在盛大网络工作期间的第一次纳斯达克路演莫属。因为是中国互联网企业登录纳斯达克的第一股，当时的投资人对于中国的互联网发展零认知，存在固有的偏见。而当时的盛大网络，形象也确实不怎么样。

唐总设计的“凤头”是这样的：“请问各位，你们除了耶稣，还信谁？”在座的投资人全都本能地摇摇头。唐总说：“你们错了，你们肯定信一个人，这个人叫比尔·盖茨。”投资人都从微软公司挣过钱，如果不信盖茨，当初就不会投资微软，既然信过，就只能点头承认了。“那你们知道盖茨先生信谁呢？他信我唐骏。”一边讲，一边把盖茨授予他董事长奖的照片亮了出来。“那么我唐骏信谁呢？我信盛大。如果我不信盛大，我不会放弃微软的高管职位和高薪待遇。”逻辑没毛病。“既然你们信盖茨，盖茨信我，我信盛大，那么，你们是不是应该信盛大呢？”投资人继续点头——我们应该信盛大。这是一个关于“信”字的“凤头”。

从“凤头”进入“猪肚”之后，几个关键点非常重要：第一，“凤头”和“猪肚”，以及“猪肚”部分段落之间的衔接一定要连贯，只要一卡壳，就会“漏气”；第二，“猪肚”的内容不能有分叉，一定要“直胡同赶猪”，不带转弯的，这样听众的注意力才会始终跟着你；第三，要时不时地来个“金句”，调味用的；第四，要有高级感，一个没有高级感的人站在那里讲，是不可能影响有高级感的人的，因为人是往上走的，不是屁股坐的那个位置往上走，而是你这个人往上走，你如果不是为了扬升往上走，你演讲干嘛呢？除非你存心想要制造“内卷”。下面我们来看看唐总设计的“猪肚”。

“盛大网络为什么值得各位相信？因为盛大有个创新的商业模式，叫线上迪士尼。线下的迪士尼游客买了门票再在场内消费，线上的迪士尼玩家买了点卡后还会在游戏内买装备。但是，线下的迪士尼空间有限，线上的迪士尼空间无限。”紧接着，亮出盛大过去三年的财报、中国的相关市场数据以及未来三年的财报，证明线上迪士尼的空间确实是无限的。

至于“豹尾”，则是“好处要讲透，诱惑要给够”。没办法，人终归是人，开头用心连接了之后，结尾还是要搞搞脑子。尤其是过去的资本市场商业路演，只能讲商业价值。但是现在美国那边开始了新商业，企业的第一要务不再是对股东负责任，而是承担社会责任。所以，现在的商业路演，好处和诱惑部分，自然少不了意义了，即除了商业价值，还有精神价值和社会价值。

这是关于演讲的诀窍。在中国，很多人对于一对多的演讲不自信，对于一对一的沟通，还是相当自信的。果真如此吗？还是以保险销售为例。美国人曾经发明了一种叫 Needs-based Selling（NBS）的技术，被保险公司吸收过来用于在销售的过程中传递“爱与责任”。Needs-based Selling 翻译成中文叫“需求导向销售”，但不够精确。英文 Need 和 Requirement 的区别，相当于中文想要和需要的区别，但说成“想要导向销售”，又不通顺，因为想要是没有导向的，它是自己给自己的方向。

NBS 的销售过程是这样的：即使是在地铁站遇见的陌生人，业务员也会主动上前“撩”。在以他的高级感获得你的好感之后，他会争取到一次上门拜访的机会。第一次登门拜访的目的是唤醒需求。例如，如果你告诉他已经为女儿买了套门面房，将来过户给她，他会问你：“你确定这套房将来一定会为你女儿所有吗？”这会引起你的不安，因为你会突然意识到一个问题，并因此对自己之前欠妥的考虑而不满。有了不安和不满，你就会有欲求了，想要和他探讨究竟哪些方面可以做得更好。这个时候，他会拿出准备好的工具帮助你进行专业的分析，一旦达到预期，你就会下决心换一种方式来承载自己的爱与责任。而他的第一次拜访也就此结束。回去之后他会做一套定制化方案，再次登门拜访，这一次不再是感性，而完全是理性的交谈，交谈的结果便是客户采取行动——不仅签约付款，还会主动转介绍，将爱与责任传递给更多的人，因为他觉得这么做，有意义。

由于没有搞清楚想要和需要的区别，当 NBS 传入大陆后，越是大牌的业务员和总监，对于 NBS 越是不屑一顾：小样，玩需求，谁不会？例如某保险公司的王牌销售，她只有几十位客户，却都是大客户，由于她所服务的公司是保险专家、理财顾问和生活助手，生活助手方面包括好医、好车和好房，总之，已经“贵”为全球 30 强的这家企业，确实好忙。这使得我们这位王牌销售有足够的东西换着卖给她的几十位客户。她做客户的方式呢，在她看来，效率不可谓不高。陪客户做个 SPA 就可以成交一单，陪客户去一趟 4S 店可以成交两单，为什么能成交两单呢？因为她顺便带上了另外一位客户的孩子，让她跟着自己学习“销售技巧”。这，有意义吗？

NBS 的核心是“不安 / 不满，欲求，决定，行动”，和微软提出的解决方案销售（Solution Selling）异曲同工。销售解决方案（Selling Solution），是主客二分的；解决方案销售，是主客同一的。销售解决方案就像卖面条和面饼，解决方案销售卖的却是面团——因你的痛点而变。解决方案销售在微软内部被简称为 PPVVC，即决策人 Power，痛点 Pain，愿景 Vision, 价值 Value, 控制 Control。痛点、愿景、价值和控制，对应于 NBS 的不安 / 不满，欲求，决定，行动。之所以多了决策人这个 P，是因为微软的销售 2B，保险销售 2C，2B 的销售首先要找到决策人，2C 的保险销售，也要摸清楚一家之主，但凭直觉就能做到。

只要开始关注别人的痛点，就开始脱离自身的痛点。训练的要诀在于：忘掉自己有什么、要什么，专注于他人要什么、怕什么。这是盖茨的心法，他称之为“让他人伟大，你更伟大”。

共生世界

有很多人知道邓丽君等歌坛巨匠演唱过的歌曲《星》，但不知谷村新司是谁；有很多人知道张国荣的经典歌曲《与谁共鸣》和《共同度过》，但不知谷村新司是原唱和词曲作者；有很多人知道张学友的《遥远的她》，但不知谷村新司的《浪漫铁道》是原版。当然，更少有人知道这首由谷村新司创作并和他女儿同唱的歌曲《共生》——这首歌传达的是在同一天空下共同生活应和平相处、互助互利的美好愿望。歌词唱道：你微笑的时候，活着真好。你流泪的时候，活着真好。一起活在这广阔的世界，与你相遇，真是一件开心的事，一起分享喜悦还有悲伤。在这片天空下诞生的肉体与灵魂，没有两样是相同的，我生存在在这片天空下，你给了我无数的沐浴阳光。在这片天空下诞生的肉体与灵魂，都是无可替代的无价之宝，我生存在在这片天空下，为“爱、自由与和平”祈祷。一同活下去吧，满怀爱心，满怀爱心。

即使没有中文歌词，即使你不懂日文，单听旋律，你也会感动得热泪盈眶，因为情感的记忆会不由自主地涌上心头。很有可能，是因为我们体内共生的细菌，听懂了这个旋律。

三年前比尔·盖茨曾经写过一篇短文，他说他一直有一个误解。每一次当他谈到全球健康的时候，总是把微生物当作一种对人类的威胁，需要被彻底清除。在读了英国记者艾德·杨（Ed Yong）写的《我包罗万象》之后，他改变了对微生物的看法——“对于绝大部分的微生物，我们不应该害怕或想要消灭它们，相反地，我们应该珍惜、欣赏和研究它们。”并且说《我包罗万象》带给我们一个“更加宏大的生命观”以及务实的乐观——我们日益增长的关于人体菌群的知识，将为提升我们的健康水平带来新的机遇。

《我包罗万象》提出了这样一个明确的观点：只有很小一部分的微生物会让我们得病。据估算，大约有100种微生物会导致人类感染疾病。然而，在人体内——尤其是肠道中——成千上万种微生物与我们和谐共生。这些微生物帮助我们消化食物、分解毒素、成长发育和抵抗疾病，甚至还可以帮助加速人类的进化。我们完全是倚赖它们才能生存。我们和微生物是分不开的，人类在某种程度上就是由微生物组成的。事实上，在我们体内生存的微生物细胞比人类的细胞还要多。甚至在那些被我们定义为“人类”的细胞里，一部分其实也是微生物。除了红细胞和精子，我们所有的细胞都是由线粒体提供能量的，而线粒体则很可能是古细菌的后裔在融入细胞之后形成的，它让生命复杂多样。

盖茨说他发现《我包罗万象》的一些观点和他作为家长的角色息息相关。像许多美国及其他发达国家的家长一样，梅琳达和他极大地减少了孩子们和微生物接触的机会。然而几千年来，这些微生物担当着帮助人类增强免疫系统和抵挡炎症的角色。正像书中所描述的那样：“我们抨击微生物太久了，以至于创造出了一个对我们所需之物都抱有敌意的世界。”问题不仅仅存在于人们所使用的种类繁多的抗菌肥皂和消毒剂上，最主要的问题是过度地使用抗生素。从净效益来说，抗生素对人类具有重大的积极影响。然而，每一次我们使用它们，都是对我们自身微生物生态系统（人体菌群）的地毯式轰炸，而非仅仅在消灭病原体。“一个丰富、活跃的人体菌群起着阻止病原体入侵的作用。当我们这些老朋友消失时，这层保护也就消失了，而更多、更危险的物种会利用这个生态结构上的空缺。”

许多新的研究都在提醒我们，多动症、自闭症、学习障碍、焦虑、抑郁、癫痫、双相情感障碍等儿童疾病和行为障碍的发病率都在迅速飙升。根据《中国自闭症教育康复行业发展状况报告 III》的数据，自闭症发病率逐年上升，报告中援引了美国最新统计数据，美国自闭症儿童发病率已由 2009 年的 1/88，上升至现在的 1/45；报告称，我国自闭症发病率达到 0.7%，实际上可能更高。另外，也有越来越多的学龄儿童和青少年被诊断为注意力缺陷多动障碍。同一时期，服用兴奋剂或抗精神病药物的儿童人数也在不断增加。美国一项研究表明，在美国，1/5 的儿童被诊断出患有某种精神疾病，中国这一数据也不容乐观。此外，我们还看到食物过敏、湿疹、哮喘、炎症性肠病和其他自身免疫性疾病病例空前增加。近些年来，5 岁及以下儿童的 1 型糖尿病诊断率每年都在增加。而肠绞痛、慢性耳部感染、睡眠不佳和便秘，已经变得越来越普遍。不知不觉中，很多慢性疾病成了孩子们的“新常态”。许多孩子在没有任何征兆的情况下突然就生病了。很多孩子可能在 6 周龄时出现肠绞痛、或在 6 月龄时出现湿疹，再到 1 岁时得慢性耳部感染，再到后来被诊断为自闭症、1 型糖尿病或其他自身免疫性疾病。其中的一些孩子的药物清单可能可以与老年人相媲美：用于治疗湿疹的类固醇激素、治疗胃食管反流的抑酸药物、对抗过敏的抗组胺药、缓解偏头痛的非甾体类消炎药、治疗便秘的通便剂……越来越多的孩子注射胰岛素来治疗1型糖尿病，使用甲状腺药物治疗甲状腺功能减退，抗癫痫药物对抗癫痫发作，抗精神病药物治疗多动症、抑郁症或焦虑症，类固醇激素或其他免疫调节剂治疗自身免疫性疾病，这些疾病在儿童中已经非常常见，是极其不正常的。并且，很多人都在用传统方法治疗不成功的漫长道路上苦苦挣扎。很多患者接受常规药物治疗来缓解其症状，有的出现了副作用，又不得不服用更多的药物来控制第一种药物的副作用。最糟糕的是，他们可能被告知他们的孩子根本无法治疗，他们将会长期患病。这让很多家长感到无助和绝望。不管我们的社会受教育程度和富裕程度有多高，医疗水平有多高，在根除传染病方面有多成功，我们的孩子反而越来越虚弱，越来越容易生病了，这是为什么呢？答案就在《我包罗万象》里。

受《我包罗万象》的启发，盖茨意识到如果想要预防营养不良，不仅需要减少饥饿现象和保障关键微量元素的供应，而且需要了解为什么有些孩子体内的菌群会失衡，以及如何让菌群恢复到健康状态。在此基础上，他猜测这样的研究不仅可以带来低成本的营养不良干预措施，也能帮助科学家找到治疗由人体菌群紊乱导致的其他疾病，包括克隆氏症、溃疡性结肠炎、大肠激躁症、直肠癌、肥胖、1型糖尿病、2型糖尿病和帕金森症等。“有一天我们也许会发现，这些疾病在患者出现脑部症状之前，已经存在于肠道中几十年之久。如果真是那样的话，肠道或许可以是医生用药治疗的主要目标，这会给数百万的家庭带来希望。”

盖茨在呼吁，但是在国内，已经有人开始用共生的原理为人们治病了，他们把自己坚持30多年走出来的医学之路叫做“水路医学”，正所谓世上本没有路，走的人多了，便成了路。

2018 年美国纽约大学医学院的病理学家 Neil Theise 研究团队证实，经过研究发现，在位于人体皮肤之下，以及肠道、肺部、血管和肌肉内部等多个器官内，有一张高速流动、互联互通、由强大柔性蛋白质支撑的网络，其间充满了液体，身体中的每个细胞均被这个液体所滋养包围。科学家们将携带这种液体的网络称间质组织。

水路医学所说的水路，就是间质组织。依水路医学理论研发的生物制剂是中国中医药产品“现代化、科学化、生物化”的标杆，代表了中国最尖端的中医药产品研发能力和制造能力。其产品的透皮吸收技术、多活性菌群叠加技术、常温保存技术及细胞膜电位平衡技术在世界范围内处于领先水平。

水路医学的生物制剂是外用，但是可食，因为它不是药，本来就是为守护我们的生命提取出来的。活性菌群会透过粘膜以水路（间质组织）为通路，“修复细胞膜电位、产生生物共振冲击波以阻断病毒病菌复制链条”，从根本上来修复人体受损细胞，从而达到对人体“治根源，调整体”的目的。这里所说的“产生生物共振冲击波”，就是我们一直在说的“涌现”，涌现就是正弦波的同频共振。之所以要修复细胞膜电位，是因为细胞膜电位在远离平衡态时才会产生涌现，例如草履虫，它的细胞膜内外保持 -40mV 浓度差，浓度差被破坏之后，会影响到涌现。

共生菌与我们共生，我们与自然共生、与集体共生，共生菌的活法——“让他人伟大，自己更伟大”，也应当是我们的活法。我们为他人带去的“意”，相当于产生同频共振的波；我们为他人带去的“义”，是帮助他们远离平衡态。这就是意义的意义。

生生的系统：复利的威力大于核弹

推己及人

抗战时期的日本战俘水野靖夫回忆说，他被八路军带着转移时路过一个村子，他很自然地躺在稻草堆上休息，可八路军却把他拉起来让他躺在地上，他以为是虐待十分不满。八路军告诉他，人躺过的草垛，牲口就不吃了，这对乡亲们不好。水野靖夫一惊，所有八路军都和他一样躺在地上，随后也加入了八路军。水野靖夫加入八路军后，不仅教八路军炮兵开炮，还到抗日军政大学教八路军干部日语，以及怎样向日军喊话。回国后，他写了一本回忆录叫《反战士兵手记》，与其他参加八路军的日本老兵一起为中日友好努力。

八路军战士为什么对农民好？因为他们来自于农村，懂得对于农民来说，什么是有意义的。这就是推己及人。

西方传统管理学语境下的组织型态，很像是在田里捆柴：几根稻草束成一把，几把束成一扎，几扎束成一捆，几捆束成一挑，每一根柴在整个挑里都属于一定的捆、扎、把，每一根柴也都可以找到同把、同扎、同捆的柴，分扎得清楚不会乱的。这样的组织是有一定界限的，谁是内部的人，谁是外部的人，不能模糊，一定得分清楚，内部的人是一伙，大家的关系是相同的，如果有组别和等级的分别，也是事先规定的。当然，捆柴和组织有一点不同，就是一个人可以参加好几个组织，有好几扎柴里都有某一根柴，当然是不可能的，除此之外，在传统的组织结构中，人和柴就没有什么不同的了。

中国人被批评没有组织纪律性，就在于我们的潜意识里都知道，人怎么可以被当作柴捆在一起呢？讲人伦的中国人，他心目中的“组织”像水中一圈圈推出去的波纹，每个人都是他社会影响所推出去的圈子的中心，被圈子的波纹所推及的就发生联系，每个人在同一时间某一地点所动用的圈子却不一定相同，因为一切都是动态的。这样的富于伸缩性的网络里，每个人随时随地是以“己”作为中心的，但是，你如果说他自私，他是不能承认的，因为当他牺牲族时，他是为了家，家在他看来是公的。当他牺牲大的集体为他小团体谋利、争权利时，他也是为公，为了小团体的公。在孔子设计的格局里，公和私是相对而言的，站在任何一圈里，向内看也可以说是公的。孔子的困难在于他的理论体系中缺少不分差序的“爱”的观念，但并不是因为孔子不懂得不分差序的爱，而是因为他选择了“以文化之”：一方面“使民由之”，一方面以君子为表率，让人们在“由”的过程中，逐步建立起不分差序的爱的观念。事实证明了他的良苦用心和高明，因为“化”了一千多年后，到了朱熹，一个不分差序的“理”出现了。然而，随之而来的便是道德律令。试想，如果从孔子开始就讲“理”，能化出一个懂得推己及人的八路军战士吗？但孔子的推己及人毕竟是一块石头投入水中形成的一圈一圈的波纹，朱熹的努力方向是让推己及人成为都江堰那样的——在道的作用下推己及人。

号称“天府之国”的成都平原，在古代是一个水旱灾害十分严重的地方。李白在《蜀道难》这篇著名的诗歌中“蚕丛及鱼凫，开国何茫然”的感叹和惨状，就是那个时代的真实写照。这种状况是由岷江和成都平原“恶劣”的自然条件造成的。岷江是长江上游的一大支流，流经的四川盆地西部是中国多雨地区。岷江出岷山山脉，原来岷江上游流经地势陡峻的万山丛中，一到成都平原，水速突然减慢，因而夹带的大量泥沙和岩石随即沉积下来，淤塞了河道，让岷江对整个成都平原成为了地道的地上悬江，而且悬得十分厉害。而成都平原的整个地势从岷江出山口玉垒山，向东南倾斜，坡度很大，都江堰距成都 50 公里，而落差竟达 273 米。所以在古代每当岷江洪水泛滥，成都平原就是一片汪洋；一遇旱灾，又是赤地千里，颗粒无收。岷江水患长期祸及西川，鲸吞良田，侵扰民生，成为古蜀国生存发展的一大障碍。

都江堰的创建，又有其特定的历史根源。战国时期，刀兵峰起，战乱纷呈，饱受战乱之苦的人民，渴望中国尽快统一。经过商鞅变法改革的秦国一时名君贤相辈出，国势日盛。他们正确认识到巴、蜀在统一中国过程中特殊的战略地位，“得蜀则得楚，楚亡则天下并矣”。在这一历史大背景下，战国末期秦昭王委任知天文、识地理、隐居岷峨的李冰为蜀郡太守。李冰上任后，首先下决心根治岷江水患，发展川西农业，造福成都平原，为秦国统一中国创造经济基础。

都江堰的整体规划是将岷江水流分成两条，其中一条水流引入成都平原，这样既可以分洪减灾，又可以引水灌田、变害为利。主体工程包括鱼嘴分水堤、飞沙堰溢洪道和宝瓶口进水口。之所以要修宝瓶口，是因为只有打通玉垒山，使岷江水能够畅通流向东边，才可以减少西边的江水的流量，使西边的江水不再泛滥，同时也能解除东边地区的干旱，使滔滔江水流入旱区，灌溉那里的良田。这是治水患的关键环节，也是都江堰工程的第一步。由于当时还未发明火药，李冰便以火烧石，使岩石爆裂。

宝瓶口引水工程完成后，虽然起到了分流和灌溉的作用，但因江东地势较高，江水难以流入宝瓶口，为了使岷江水能够顺利东流且保持一定的流量，并充分发挥宝瓶口的分洪和灌溉作用，李冰他们在开凿完宝瓶口以后，又决定在岷江中修筑分水堰，将江水分为两支：一支顺江而下，另一支被迫流入宝瓶口。由于分水堰前端的形状好像一条鱼的头部，所以被称为“鱼嘴”。鱼嘴的建成将上游奔流的江水一分为二：西边称为外江，它沿岷江顺流而下；东边称为内江，它流入宝瓶口。由于内江窄而深，外江宽而浅，这样枯水季节水位较低，则 60% 的江水流入河床低的内江，保证了成都平原的生产生活用水；而当洪水来临，由于水位较高，于是大部分江水从江面较宽的外江排走，这种自动分配内外江水量的设计就是所谓的“四六分水”。

为了进一步控制流入宝瓶口的水量，起到分洪和减灾的作用，防止灌溉区的水量忽大忽小、不能保持稳定的情况，李冰又在鱼嘴分水堤的尾部，靠着宝瓶口的地方，修建了分洪用的平水槽和“飞沙堰”溢洪道，以保证内江无灾害，溢洪道前修有弯道，江水形成环流，江水超过堰顶时洪水中夹带的泥石便流入到外江，这样便不会淤塞内江和宝瓶口水道，故取名“飞沙堰”。飞沙堰采用竹笼装卵石的办法堆筑，堰顶做到比较合适的高度，起一种调节水量的作用。当内江水位过高的时候，洪水就经由平水槽漫过飞沙堰流入外江，使得进入宝瓶口的水量不致太大，保障内江灌溉区免遭水灾；同时，漫过飞沙堰流入外江的水流产生了漩涡，由于离心作用，泥沙甚至是巨石都会被抛过飞沙堰，因此还可以有效地减少泥沙在宝瓶口周围的沉积。为了观测和控制内江水量，李冰又雕刻了三个石桩人像，放于水中，以“枯水不淹足，洪水不过肩”来确定水位。还凿制石马置于江心，以此作为每年最小水量时淘滩的标准。在李冰的组织带领下，人们克服重重困难，经过八年的努力，终于建成了这一历史工程——都江堰。

都江堰的修建，巧妙地借助了岷江上游急、下游缓的水势，让远处流过来的岷江水经鱼嘴分开后，再在飞沙堰这里“反”了一下，形成的漩涡便是涌现现象。再利用西边高、东边低的地势，把沙石带到外江。今天，成都平原上与宝瓶口相连的各个水渠依然“清如许”，就在于从都江堰推出来的水，是“活水”。人的意识如水，水往低处流，人的意识要往高处走。“反者道之动，弱者道之用，天下万物生于有，有生于无。”用之于人，就是要能发现一个居于高位的意义，再想办法让有着同理心的人的意识向这里汇拢，涌现出漩涡的同时，利用“弱”创造价值。所以，推己及人是在意义的作用下把自己的仁推出去，汇聚成义，即价值。体认出仁义，是孔子的功劳，加上老子的道，便能形成大仁和大义，由人组成的系统就可以像都江堰一样自为了。

毛主席是真正的集大成者，他领导的人民军队，是自发组织的。从上井冈山的那一天起，他就是用大仁和大义推己及人的。中日建交的时候，日本首相在致辞中用了“添了很大的麻烦”这七个字，日文中的“迷惑”，翻译成中文是“添了麻烦”。用这个词的日本首相和那个被八路军俘虏的日本士兵一样，显然还不懂得推己及人。周总理在现场听了翻译后非常生气，毛主席知道后自然也很生气。“在中国，只有像出现不留意把水溅到妇女的裙子上，表示道歉时才用这个词。”周总理的方式是施压，逼得对方在之后的谈判中一再道歉。毛主席的方式是，送给日本首相一套《楚辞集注》。《楚辞 · 九辩》中有“慷慨绝兮不得，中瞀乱兮迷惑”，那是“迷惑”一词的源头。而毛主席曾经有诗云：“屈子当年赋楚骚，手中握有杀人刀。艾萧太盛椒兰少，一跃冲向万里涛。”老人家是在帮日本补上一课，正如当年抗日战士给日本俘虏补上的那一课。今天我们自己更要补上这一课。

义是长远的利

无论是东方还是西方，义利之辩都是个问题。孔子在讲完“君子喻于义，小人喻于利”之后，特别讲了两个故事。第一个故事是：鲁国有一个规定，如有鲁国人在外国做奴隶，而被本国人赎回的，鲁国国君都会给赎买者以奖励。有一次孔子的学生子贡赎回了一些鲁国奴隶，但他没有申请奖励。当他高兴地将这件事告诉老师，希望得到老师的表扬时，孔子长叹说：“你如此做，只能证明你个人道德高尚；但你的行为却让那些本来可以领到奖励的人，因为你的原因而不好意思去申请奖励，从而不会有更多的人去他国赎回鲁国的臣民。我只是担心鲁国多了你一个高尚道德的人，但使得更多的鲁国臣民得不到解救。”第二个故事是说，有个人救了邻居家落水的孩子，邻居为了感谢他，送给他头牛，他接受了，还被孔子表扬了。这两个故事表达的意思很明确，“君子喻于义”，并不是要君子舍利而取义，而是要做到“义中取利”。但涉及到利的问题，光讲道理和故事是不行的。

孔子之后，孟子说“生，亦我所欲也；义，亦我所欲也；二者不可得兼，舍生而取义者也”；董仲舒说“天之生人也，使人生义与利。利以养其体，义以养其心。心不得义不能乐，体不得利不能安”，还说“正义不谋利”；到了陆象山那里：“人之所喻，由其所习；所习，由其所志。志乎义，则所习者必在于义；所习在义，斯喻于义矣。志乎利，则所习者必在于利；所习在利，斯喻于利矣”。似乎义利之辩，被儒家越辩越不明白。

但范蠡却干明白了“集义生气”“义中取利”。他发明的商业模式，非常像都江堰：利用的公与不公，很像都江堰上游急、下游缓的水势；借助富人想吃鱼却吃不到，相当于都江堰西边高、东边低的地势；“均衡盐价”相当于分水堤；“大利藏于咸鱼中”相当于“飞沙堰”。利不是一单一单生出来，而是涌现出来的。为什么会涌现呢？因为他推己及人，创造了一个和每个人都有关的意义，大家因此汇入了“内江”。一起行义，集义生气，就在“飞沙堰”这里出现了漩涡，涌现出来了利。老子说“反者道之动，弱者道之用”，于都江堰而言，上游急、下游缓的水势，是“反”；西边低、东边高的地势，是“弱”。于范蠡而言，变不公为公，是“反”；想吃鱼吃不到鱼的人，是“弱”。

我们今天学习范蠡义中取利，关键就在于找到“反”和“弱”。找到了“反”，意义就来了；找到了“弱”，钱就来了。钱不是挣的、生的或是赚的，而是来的。用手争叫“挣”，股市房市（一横代表市场）牛了叫“生”；有资产了去兼并收购叫“赚”。如果你掌握了财神的思维模式，就不再是挣钱、生钱、赚钱，而是“來”钱。“來”字由三个“人”和一个“十”构成，三个人在新商业的语境下代表的是种子用户、超级用户和用户（即传统商业形态下的一代、二代和门店），十字代表系统。你发现了意义，人就会跟来；你有个系统，他们就会像都江堰的活水，推着自己向前。推己及人的过程中，钱涌现了出来。

为什么从不公到公，就是义，就会有意义，还能集义生气呢？关于公平性，美国艾默里大学曾经用猴子做过实验。他们把一群猴子分别放进一个用铁栅栏相隔的笼子，然后每个笼子放上一些塑料玩具块，再教会猴子用塑料玩具块和工作人员交换食物（一般是黄瓜）。结果发现，当易货贸易公平进行时，两个笼子里的猴子没有出现什么问题。也就是说当两个笼子里的猴子分别用塑料玩具块从工作人员手里得到相同的食物，它们表现得很平静。但是这种易货贸易不公平进行时，它们的反应是出人意料的。在一次试验中，当两个笼子里的猴子分别用它们的塑料玩具块换取工作人员手中的食物时，工作人员故意给出不同的食物，一节黄瓜和一串熟透的红葡萄。这时没有得到红葡萄的笼子里有半数的猴子，不再用塑料玩具块换取食物了，它们表现出不满情绪。更有意思的是，工作人员进行了更加不公平的试验。一只笼子里的猴子不需要用塑料玩具块交换就能得到葡萄，而另一只笼子里的猴子拿塑料玩具块交换只能得到一节黄瓜。这时被不公平对待的笼子里的猴子几乎全都不再与工作人员进行交换，而是开始表现出撒野行为和不再听从工作人员的指挥。

可见，想要公平是人类从猴子那里继承下来的一种本性。并且，越是处于弱势的一方，越是想要公平，公平对于他们而言，意义越大。在英国，流传着这样一个故事：亚瑟王快被人灭国了，那个帝国的国王派人来告诉他，只要他能够答对国王的问题，就放过他。这个问题是：女人最想要的是什么？亚瑟王想不出来，有人告诉他有个巫婆很厉害，让他去问巫婆。巫婆答应帮他，却要求跟他手下十二圆桌骑士中最帅气的一个结婚，亚瑟王很犹豫，因为那个巫婆是个奇丑无比的老女人。可是骑士听说以后，却去跟巫婆说答应娶她。然后巫婆告诉亚瑟王：女人最想要的是掌控自己的命运。亚瑟王把答案告诉了国王，国王很满意，就放过了他。在骑士和巫婆结婚当天，骑士很不情愿地走进新房，却发现一个绝世美女在等他。那个美女告诉骑士，她就是巫婆，但是她每天只能有一半时间是美女形态，另一半时间是丑女形态，她问骑士，究竟是想白天带着美女出现在朋友面前晚上面对一个丑陋的巫婆，还是白天带着丑陋的巫婆出现在朋友面前晚上面对一个美女呢？骑士想了想，说：女人最想要的是掌控自己的命运，所以我把选择权交给你。女巫听了很高兴，便决定以后一直用美女形态出现。男人之所以难以理解掌控自己的命运对女人的意义，就在于男人相对于女人而言，居于掌控地位。而一旦男人明白了这个意义对于女人的重要性，推己及人，肯定家和万事兴。这便是义中取利。

在古代，有文化的商人们不会标榜自己是义中取利，而是换了个说法，叫“义是长远的利”。实际上，这些智慧的商人比世界上任何一个国家的商人，都要更懂得被爱因斯坦称之为世界第八大奇迹的“复利”。所谓复利，其本质就是做事情 A，会导致结果 B；而结果 B，又会反过来加强 A，不断循环。他甚至说过，复利的威力大于核弹。是的，他是对的，毕竟核弹还只是原子物理学层面，而义中取利式的复利，已经进入到了亚原子。所谓长远的利，就是跨越了长距离之后形成的强涌现。

过去，获取复利需要长时间的等待，就好比一片池塘出现了一小块浮萍，它每天增长一倍，到第九天才覆盖一半，但第十天就能长满整个池塘。然而，前面九天的等待毕竟是令人焦急的。数字化到来之后，时间轴被大大压缩，人们能够不受物理空间的限制跨越长距离地在线上分工合作，有道了。有道就会有义，再按西方坚持的那套“先利后义”的“经济人”搞法，不行了。

作为“经济人”的最初设计者，亚当·斯密曾说，鞋匠赚到多余的利润之后，会用来雇佣更多助手。这么一来，因为多余利润能促进生产、雇佣更多人，似乎就代表着自私自利和贪婪也可能对全体人类有利。“他受着一只看不见的手的指导，去尽力达到并非他本意想要达到的目的。这并不因为事非出于本意，就对社会有害。他追求自己的利益，往往使他能比他真正出于本意的情况下更有效地促进社会的利益”。

可是，如果贪婪的鞋匠靠的是缩减工资、增加工时来增加利润，情况又会如何？亚当·斯密的方法是用道德情操来制约，在《道德情操论》中，斯密指出：假如社会成员缺乏相互之间的爱和感情，社会必定要减少许多幸福和愉快，倘若这种互利的准则被抛弃，不义行为的盛行肯定会彻底毁掉整个社会。显而易见，斯密所推崇的是“利己”与“利他”相统一的互利原则，并认为这是维系社会有序运转最基本和必不可少的道德原则。

课本上的答案则是：自由市场会保护员工。如果鞋匠付的薪水太少、要求又太多，那些优秀的员工当然就会离职，去为他的竞争对手工作。这样一来，黑心老板手上就剩下最差劲的员工了。于是他一定会改变管理方式。这个理论听起来完美，实际上，贪婪的资本家会通过垄断或串通来打击劳工。

历史已经见证了这一切并正在时间箭头下向前演化。不合道的工业经济时代正在过去，合道的数字经济时代正在到来。有道就必然有义，义中取利也就理所当然、勿须再辩了。

首富的诀窍

义是长远的利，意味着义和利一样，都是价值。意义创造价值，价值牵引意义，价值和意义是一对阴阳。有阴阳，就离不开五行。在都江堰的系统中，外江、内江、分水堤、宝瓶口和飞沙堰，构成了一个水、木、火、土、金的五行系统。在范蠡的系统中，用户、客户、品牌、供应、服务，构成了一个水、木、火、土、金的五行系统——没错，范蠡那会儿，就有了用户思维，穷人和富人，都受益于他所创造的意义，是用户。买鱼的富人是客户。运行的过程，是穷人－富人－品牌－供应－服务－穷人的顺序；但系统构建的过程，却是穷人－品牌－富人－服务－供应。都江堰也是一样，运行的过程是外江－内江－分水堤－宝瓶口－飞沙堰－外江，构建的过程是外江－分水堤－内江－飞沙堰－宝瓶口。正如朱熹在《太极图说解》中所写的："以质而语其生之序，则曰水、火、木、金、土，而水、木，阳也，火、金，阴也。以气而语其行之序，则曰木、火、土、金、水，而木、火，阳也，金、水，阴也"，"五行具，则造化发育之具无不备矣"。古人的思想高深莫测，让我们有时候觉得神叨叨的，但孔子早就说了：君子以为文，小人以为神。孔子这里说的文，用今天的话说来，叫做"隐性知识"，也叫"诀窍"。

接下来，让我们看看"洋君子"们如何用从我们这里学到的隐性知识发家致富的吧！先以苹果手机为例。我们既是它的用户也是它的客户：当我们认同苹果品牌的时候，我们是用户；当我们向苹果付费的时候，我们是客户。苹果手机（包括品牌和iOS）在火的位置上，各类App形成供应体系，内容生产者提供服务。我们使用苹果手机的过程是从手机到App到内容的顺序，但我们却是因为苹果品牌而先后成为了苹果的用户和客户。苹果的商业生态系统实际上是阴阳两部分组成：阳是意义系统，即品牌（及其载体）；阴是价值系统，即内容。意义系统由用户、品牌和服务三部分构成；价值系统由客户、供应和用户三部分构成。

至于微软的比尔·盖茨，他是最先实现这个商业生态闭环的美国人，

Windows 在火位，硬件和软件开发商在土位，服务商在金位，用户是我们每个用电脑的人，客户是企业。从发展的过程看，他是先搞定 IBM 这个大用户（免费提供软件），再搞定 DOS（火），再借助 IBM 分别搞定客户、服务商和供应商（硬件及软件商）。

作为原创，盖茨最不容易，所以在首富钉子户的位置上，一钉就是二十多年。而当时他发现的“反”，是苹果想要造 IBM 的反，被他巧妙地加以利用；他针对的“弱”，是“一边捆着草，一边饿着牛”，一边是想用电脑的人因为不方便、不便宜、软件少而用不上电脑，一边是生产电脑的人找不到想要买电脑的人。和范蠡碰到的内陆富人想吃鱼却吃不上鱼，沿海有鱼却因为运输和存储的问题运不到内陆，是一样的。也和当前我们碰到的内循环问题，是一样的。但盖茨和范蠡都做到了“需求牵引供给，供给创造需求的动态平衡”，创造需求的供给侧，不是物质，而是意义；牵引供给的需求侧不是物质，而是精神。就好比看到一头牛躺在路中间，妨碍了通行，多数人会不管三七二十一地拉动牛绳，可是，不管如何拉，牛往往就是不动。看到这一幕，有人会懂得拿出牛喜欢吃的东西在它鼻子前面晃，就这样顺利地移开了牛。所以，打通内循环，是不能从外面推的，要像都江堰那样，从内部的矛盾性来推动发展，人的内部的矛盾性，只能是精神和意义。

2015 年阴阳五行被写进《中国人科学素养基准》，引起了轩然大波。中科院的两位科学家为此展开了一场非常精彩的辩论。正方观点：阴阳五行在中国古代文明的发展过程中起到重大的并且是积极的作用，应该成为人类科学发展史的一部分，并且阴阳五行中的天人合一观念对于推动现代科学的进一步发展，具有有益的补充和启示作用。反方观点更加鲜明：科学讲逻辑、定量和实证，阴阳五行有逻辑，有一点定量，但是没有实证，因此不是科学，既然不是科学，就肯定不适合写进《中国人科学素养基准》。最有意思的是主持人的观点，他说科学有广义和狭义之分，我们讲的科学是狭义上的科学，还应该有广义上的科学，阴阳五行就属于广义上的科学。但是什么时候提广义科学，有一个历史阶段性的问题。言下之意，在中国人科学素养普遍不高的时候，还是应该注重狭义科学的普及，现阶段普及阴阳五行，可能会让科学素养本来就不高的国人更加不具备科学素养。

科学是不应该有广义和狭义之分的，科学就是科学，科学的定义不应该也不会有任何的模糊性。阴阳五行的思维不符合科学，自然不应该写进《中国人科学素养基准》，而应该被写进《中国人人文素养基准》，是对科学的补充，它实际上是中国人特有的结构性思维。

上世纪八十年代，钱学森曾经从系统科学的角度指出，研究开放复杂巨系统需要用从定性到定量的综合集成法。现实中，人体生态、自然生态、社会生态和政治生态，都是开放复杂巨系统，研究这些系统，从来都是先定性、后定量。数字化商业生态系统是由若干开放的子系统形成的开放复杂巨系统，研究和设计这样的系统，也必须先定性、后定量。阴阳五行这棵老树，是可以开新花的。

肯定有人会说，照着这么个阴阳五行图做生意，不是在“按图索骥”吗？按图索骥的成语来自于伯乐和他的儿子。伯乐的儿子把父亲用经验写的《相马经》背得很熟，以为自己也有了认马的本领。一天，他在路边看见了一只癞蛤蟆，想起书上说额头隆起、眼睛明亮、有四个大蹄子的就是好马。于是他去对他的父亲说：“我找到一匹（千里）马，其他条件都符合，就是蹄子有点不够大！”伯乐知道儿子很笨，被他气得笑了起来，说：“你找到的马太爱跳了，不能骑啊！”后来人们就用按图索骥来比喻按照线索寻找，也比喻办事机械、死板。但是我们不能够因为伯乐的儿子把癞蛤蟆当作了千里马，就说伯乐的《相马经》有问题，也不能因为某些人按阴阳五行图索骥，就否定中华优秀传统文化。

当我们用地图找路的时候，为什么不会“按图索骥”呢？这是因为我们知道自己在哪儿，也有明确的方向，只是不知道如何从当前的位置去往目的地，或者希望寻找一条更近的路。同样，用阴阳五行图的时候，你得知道自己在哪儿，要去哪儿——你的价值理念是什么？要创造什么意义？阴阳五行，是适用于开放复杂巨系统的结构性思维，是在形而上搭结构的。

数字化要落在心地

如今的制造业，正在工业互联网的推波助澜下发生着一场“商业模式的巨变”。例如在农机行业，在农机上加载作业质量监测装置，让机械有了视觉和知觉，能形成数据传输到云平台上，在云平台进行处理分析，可以帮助实现深耕、播种、收获、喷药等环节的科学管理。在工程机械行业，此前将机械产品卖给客户就完事儿了，现在还要把机械产品装上物联网设备，在施工过程中感知施工环境，形成数据，帮助建筑企业做施工方案的设计。与此同时，其付费形式也相应变革，比如此前卖泵车，现在则按泵车每立方混凝土来收费，把泵车价格、混凝土的价格、司机的费用打包在一起定价，给建筑企业提供的是最终的施工效果。

还有一些行业经过工业互联网的改造实现了产业链重构。以钢板切割共享平台云切为例，在制造业中有一道工序，是把一块大型的金属钢板切开来变成金属件。这其中有一个专业术语叫套料率，用以衡量钢板的使用率。以前是制造业企业采购板材后再去切割，按照云切的统计，套料率不到 68%。云切在上游集中采购钢板，面向制造业企业提供共享钢材切割，线上接单后把订单派到加盟工厂，并在线上把订单发到边缘侧，按照加工质量和精度的要求，控制进行火焰切割、等离子切割、激光切割等，把钢材切开。这样的好处是，共享切割后套料率能达到 83%，即钢板只有 17% 的面积是浪费的，原来则有 32% 的面积是浪费的。差异出现的核心原因在于：一方面，共享切割工厂可以把大件和小件一起做。大企业自己有切割线，只会生产大件没有小件生产。通过共享去接小件才能去把套料率提上去，大件小件组合在一起使用率才会最大。另一方面，大件小件放在一起，把排单的交付顺序、切割质量都要做到精度控制。排单方面，可以用 AI 算法算到最优，把板材面积做好规划去提升利用率。切割质量方面，切割控制的精度管理、质量管理可以有物联网手段去解决，通过工业互联网平台能控制机器去切割。这个商业逻辑是一个完整的闭环，实现了制造业服务化：下游客户不需要买一台切割机、买一块钢板，它要的是已经切完的成品件，对它来说买服务就好了，按照件数来付费；在上游集中采购钢材，又进一步降本，采购价便宜下来就有毛利了，这个利润大家可以分享；切割机开工率利用率一般只有 30%–40%，共享之后，可以把开机率和利用率提升到 70%–80%，资产平均每件成本可以降下来。除了钢板切割，在陶瓷、玻璃、PCB 等领域也已经涌现出了一些共享制造平台。看上去很美好，制造业服务化是否会快速推进呢？目前来看还是有一些制约因素。

就“产品延伸型”的服务化转型模式来说，制造业企业决定是否要走上服务化道路之前，需要先算一笔账——为客户提供一套基于产品的服务、解决方案，要做技术投入，要经历一个全面数字化的过程，后续将服务产生的数据运行在云上，还要将解决方案交付到企业，都是成本。这些成本能否被服务化所带来的收益覆盖，是企业需要思考的问题。在收入方面，客户会否接受服务而不是产品，也需要依据行业不同情况来确定。客户可能需要的确实是服务，客户也会考虑成本的问题，买漆自己刷，成本比购买上门刷墙服务要低很多，客户会选哪个呢？智能施工也是类似问题。

就“产业链重构型”服务来说，难点首先在于工艺的壁垒，工艺越简单的行业，相对来说组装起来的服务化会越简单。第二个难点则在于物流成本，制造业服务化本身，是集中一家来做，还是分开来每家自己做，跟物流成本有关。除了这两个限制因素以外，还需要工业互联网平台把产业链给串起来，信息上可信互通，保证有付费，有分润，保障技术可控，信息不会被泄密，知识产权不会被侵犯。企业内部也有阻力，反对变革。这其中主要是灰色收入利益影响，比如原来板材切割利用率低，有人通过卖废铜烂铁赚钱，现在利用率高了，卖废铜烂铁的人赚不到了，阻力就出来了。所有的制造业服务化都是降本增效，对原来使用者来说，一旦降本增效了，从失效过程当中盈利的那些人利益受损，就会成为服务化变革的阻力。在具体实施当中，另一个难点在于去找到产品细分，找到最大的受益垂直领域，形成服务细化的能力。换言之，就是很难去测算清楚在哪个产品先做试点，同时相应去做组织架构的设计。制造业服务化是一个试点工程，不能用简单的 KPI 管理办法去考核，但制造业又习惯于遵守一个很强的流程管理。制造业服务化过程中，这种心态需要调整。

2018 年 4 月 20 日，习近平总书记在全国网络安全和信息化工作会议上指出："要发展数字经济，加快推动数字产业化，依靠信息技术创新驱动，不断催生新产业新业态新模式，用新动能推动新发展。要推动产业数字化，利用互联网新技术新应用对传统产业进行全方位、全角度、全链条的改造，提高全要素生产率，释放数字对经济发展的放大、叠加、倍增作用。"制造业服务化，属于数字产业化的范畴。而数字产业化和产业数字化之间的关系，是义和利的关系——前者搭建具有公共精神的服务平台，后者扎根于实体谋实利。但是义和利的前提，却是意，即价值理念。

以美国的红牛公司为例。在我们的印象中，红牛就是一家卖红牛饮料的公司，但红牛公司却认为自己是一家传媒公司，顺带卖卖红牛饮料。过去他们赞助的体育赛事要通过电视台播放，现在通过自己的数字内容平台播放，既赚了原来赚不到的钱（版权和广告），又用新动能推动了自身产业的发展：在数据的驱动下，实现了对传统产业进行全方位、全角度、全链条的数字化改造。但根本点还是他们一直坚持的"活力"的价值理念，用"活力"给人意义，凝心聚力，共创价值。而没有理念的数字化，却是"颈部以上发生的"数字化。

除了美国企业，也很有必要向日本企业学习。日本提出的5.0社会是一种网络空间与物理空间高度融合的"超智慧"社会形态，简单而言就是精准服务——将必要的物品，向必要的人，在必要的时间进行必要的提供。它与德国提出的工业4.0最大的不同就是着眼于社会而不仅仅是工业。但是，它认为实现超智慧社会，就是将各种"物"通过网络连接，在将它们高度系统化的同时，推进众多不同的系统联合协调，在联合协调的系统之间促进跨领域利用，不断催生新价值和新服务，也就是我们常说的物联网。在物联网中，被改造的每个物联设备都成为收集并产生数据的节点，而这一数据将是百亿甚至万亿的级别。这意味着进入了一个全新的时代，不是通过人来创造数据，而是通过无处不在的物联设备来创造数据。如此一来，企业将通过物联网收集到比以往任何时候都更多的数据，而企业的管理者也要重新学习和适应新形式下的数据情报功能和分析系统，以提升人们的生活质量，为人们的生活服务。举个停车例子，政府通过联网的压力传感器获取数据，然后推算出各个停车场的车辆情况，最终把结果提供给想要停车的人。避免出现进了停车场以后发现停满了车的情况，从而为人们的生活提供便利。由这种理念构成的社会，就是所谓的“超智慧”社会。

如果说美国企业用意义创造精神价值，那么日本企业是用意义创造社会价值。美国方案缺少了社会性，日本方案却缺少了精神性，我们可以合二为一。例如，日本的 5.0 社会方案中，他们意识到了百亿甚至万亿的级别的数据下可能会涌现出新服务新业态，但是，他们的着眼点是物联网，而不是“人联网”。对于日本社会来说，老龄化、低生育率和长寿是面临的重要挑战，日本人希望的未来社会将是解放人力的社会，5.0 社会就是在日本这样的现状与认识之下提出的。有些问题放在中国绝不可能发生，解决手段也行不通。但是运用信息技术和数字技术从解决社会问题出发创造新场景、新服务，将社会服务与制造业融合，为企业带来新的发展空间，这个思路和做法非常值得中国企业学习。因为在包容性增长时代，个人和区域的差异，才是价值创造的源泉。

但我们偏偏学了不应该学的。比如说，在水表上搞个智能化的装置，通过监测水表的数据来判断孤寡老人是否卧床不起，一旦水表的数据异常，社区工作人员即上门。估计这是从日本那边“窃取过来的创意”，但人家是人力不足啊！我们要做的是借养老服务把我们的健康管理水平抓上去。现如今，上海都在考虑从菲律宾进口菲佣来帮老年人养老了，原因在于年轻人不愿意干“伺候人”的活。但为什么职业院校毕业的年轻人愿意去日本做养老服务呢？难道日本老人就比中国老人高级？关键点在于，日本培养的年轻人做养老，会让年轻人意识到他们不仅仅是在服务老人，更是在为老人家赋能，年轻人因此找到了和个人相关的意义。我们把这样的培养方案学会之后，便可以通过养老服务带动全社会的服务意识和服务水平的提升。之后再运用智能化和数字化的手段持续提升服务效率和服务价值。这还是个理念先行的问题。

我们的服务业和制造业目前都还弱于日本和美国，如果能够将两个国家的做法和思路融合起来，再结合中国国情坚持走群众路线，便会涌现出无穷的活力，在两个方向上同时实现超越。例如运鸿集团，它关注到环保方面的差异，用可降解餐具做数字产业化：消费者使用运鸿提供的可降解餐具可获得积分，积分以虚拟化的“运鸿福田”呈现，寓意参与环保、播种福田。这样就可以用可降解餐具为餐馆小店拓客引流，用新服务打开新零售的新空间。接下来，产业数字化是水到渠成的事。例如冷链数字化。集装箱是现代物流的标志，但冷链却没有集装箱，无论干线物流还是同城配送，都只能靠冷藏车。如果说普通物流已经进入了智能手机时代，冷链还处于 PC 时代。而泡沫箱加冰袋式的冷链，不仅是伪冷链，制造的白色垃圾五百年也降解不了。如今，冷链集装箱已经被中国企业家研发并生产了出来，一个用斯特林发动机制冷的箱子，从田间地头直送餐桌灶头，无需出库和入库，全程精准温控，温差在 0.2 度以内。但这种冷链的运营，必须由订单驱动，并且是分布式的。餐馆既能够收集订单，还可以作为冷箱中转站。环保和冷链都是社会性的问题，连接起来之后，却带来了大商机。这就是连接社会服务与制造业，和围棋“两个眼做活”，同理。

这个世界确实需要治愈。美国总统拜登就是以“治愈”作为他的执政理念，他是认真的。大众为什么不可以认真一下呢？上一次推蓝系车的时候，大众的文案主题是“深藏 BLUE”。按照设计者的初衷，是想将“深藏 BLUE”作为类似迪士尼城堡一样的形象而存在的，也就是说“深藏 BLUE”可以成为一个富有意义的品牌承诺。然而，一切的一切，都要基于大众能否找回其“服务大众”的初心。

“买车容易，养车难”，从车主买车的第一天起，保养、维修就是一笔不小的家庭开支。相关数据显示：有车一族，每年在汽车上的花费达到 29831 元 / 辆。汽车后市场养修价格混乱、零部件质量参差不齐的原因在于存在信息黑洞。为了为了帮助三四五线城市车主降低经济负担，已经有创业公司立足于三四五线城市，利用数字技术深度改造汽车后市场，为车主提供价格合理、信息透明的车后服务解决方案，让每一位车主花费更少的钱，也能享受高质量的保养、维修服务。例如，平台近期启动了汽车涂料供应链的战略供应商遴选，对全球顶级涂料生产企业的油漆产品，进行为期一个月的实际喷涂测试。测试人员从色母配方库完善程度、油漆附着力、板件防腐情况、清漆干燥时长、维修返工率高低度等多个细分维度对各家产品逐条打分。最后根据测评结果，并综合涂料生产企业的供应链实力、售前支持、售后服务等因素，综合评定战略供应商。

这类平台的出现，肯定会进一步冲击传统 4S 店，如果车企能够主动搭建一个类似的平台，便可以改变长期以来与 4S 店之间的博弈关系。表面上看，把汽车后服务的价格降下来会稀释 4S 店的利润，实则会让 4S 店赚的更多。因为解决了车主的痛点之后，可以通过“4S”形成新的空间，让4S店成为真正的4S店。例如，4S店除了给车做保养，还可以为人做“保养”；除了修车，也可以“修人”。人们去大医院看病，排了一个月的队，却只能看三五分钟，不是医生没有耐心，而是去大医院看病的人实在太多，就连你自己也不好意思耽误后面的人看病。现在国家出台了政策允许医生多点执业，远程诊疗的技术也已经成熟，在4S店内提供整合式贵宾医疗服务，完全可能。什么叫贵宾医疗服务呢？初诊不少于40分钟，复诊不少于20分钟，专人跟踪，个案管理，最重要的一点在于，没有医院的KPI压着，医生看病，能不动刀就不动刀。如此一来，“被治愈的感觉，来得越快越好”，就落地了——只有落在心地，才能创造新的天地。至于车企为什么要做和汽车不相关的事情，那就是思维层面的问题了。银行都已经涉足养老了，车企为什么不能帮着管管健康呢？数字化就像写诗，汝果欲作诗，功夫在诗外。如果上汽真能这么做，那“深藏BLUE”也可以兑现——整合式贵宾医疗服务源于美国蓝十字蓝盾医保联合会，简称双蓝。

老子的“有之以为利，无之以为用”，一度被中国的互联网企业运用到极致。中国的互联网产业之所以能够异军突起，很大程度上是因为老子的这句话，因为所谓的互联网思维——羊毛出在猪身上，狗来买单，就是“有之以为利，无之以为用”的通俗版。和实体企业相比，早期的互联网企业完全是一个“无”的存在，什么都没有。因为什么都没有，才会“无之以为用”——做个互联网应用给用户用，比如百度的搜索工具，阿里的支付宝，腾讯的QQ和微信，都是“无之以为用”。用着用着，用户来了，有了用户后，通过用户带客户，“有之以为利”。实体企业不会用“无之以为用”，是因为他们有一个“有”，执著于“有之以为利”。

然而，“无之以为用”，必须理念先行并诚于理念，否则不可能知常。不知常，就不会容，就不可能做到“容乃公，公乃全，全乃天，天乃道，道乃久，没身不殆”。“互”是理念，“联”是技术，“网”是环境。当下的中国互联网没有“互”，只有“联”，其实是独（毒）联网。实体企业当引以为戒。

眼下，实体企业正按照横向集成、纵向集成和端到端集成的范式推进数字化转型，这个范式是从德国工业4.0参考架构模型（Reference Architecture Model Industries 4.0）照搬过来的，需要本土化。实际上，横向集成是数字产业化，纵向集成是产业数字化。数字产业化是“互”，由理念驱动聚合产业要素；产业数字化是“联”，由技术驱动重塑价值链。端到端集成是“网”，是贯通“知常容，容乃公，公乃全，全乃天，天乃道，道乃久，没身不殆”的一张网。德国工业4.0的参考架构模型是一个立方体，这是因为他们的脑袋还是方的。我们的脑袋是圆的，我们的数字化参考架构模型必须是球体。

互联网发展的历史表明，依赖技术本身是无法解决科技对商业、社会和公民带来的一系列问题的。当下的全球互联网巨头既然富可敌国，如果能开始拥抱“公共精神”，就可能解局。数据应该是共享的，资本不应该仅仅追求利润的最大化，而是能更好地挖掘社会资本和人力资本。垄断流量的企业去思考基业长青，不仅仅是要努力让自己的企业变成百年老店，而是要有更高远的立意——如何让这个社会变得更好。“互”未必能带来幸福，“联”也未必能带来幸福，但“互联”的“网”一定能带来幸福。数字化要落在心地，数字化的新商业，导人向善。

诗意数字生活：拥抱高感知时代

兴于诗

大家都知道，四大名著之一的《水浒传》，讲的是“一百单八位好汉被逼上梁山”的故事，但是为何不叫《梁山传》或《水泊梁山》，而叫《水浒传》呢？“水浒”是什么意思，除了一个书名，书中都没提到“水浒”啊！这要说到中国人写文章的一种惯用手段：用典，即引用古籍中的故事，或词句，以丰富而含蓄地表达有关的内容和思想。而从南北朝沈约开始，“沈侯用事不使人觉，若胸臆语也”，即明明是在用典，却像直抒胸臆之语。为什么要这么做呢？因为他要让你自己去回味，回味才能无穷。“水浒”就是这样的用典。其最早出于《诗经·大雅》中的“古公亶父，来朝走马，率西水浒，至于岐下”。这是周朝先祖周太王亶父的故事。

当时，中国正处在商朝鼎盛时期，“周”部族生存在黄土高原的西北边陲上，那里不但土地贫瘠，而且还有很多彪悍的戎狄民族，所以周部族每天都生活在食不果腹与危险之中。大约到了商朝武丁盛世的时候，周部族出了一位杰出的领袖——周太王古公亶父。他是轩辕黄帝第 16

世孙、周祖后稷的第12世孙，在周部族发展史上是一个上承后稷、公刘之伟业，下启文王、武王之盛世的关键人物。在亶父的率领下，周部族历经艰险，迁徙到了岐山下的周原（今陕西省宝鸡市）。这里不但土地相对肥沃，而且基本摆脱了戎狄侵扰，周部族在周原开始发展壮大，最终建立了在中国历史上影响深远的周王朝。《诗经·大雅》就是周人用来纪念和歌颂亶父对周部族发展贡献的诗歌，诗中的“水浒”一词指的就是后来供周部族居住发展的周原。因此，后世将“水浒”一词引申为“出路”“安身之地”的意思。

知道了“水浒”的这个典故，再来看《水浒传》，是不是就有了恍然大悟的感觉？宋江、武松、林冲、鲁智深等一众豪杰，由于种种原因无法在正常的社会中生活，人生的出路被生生截断，“八百里水泊”中的“梁山”便成了这些好汉唯一的出路与安身之地。而当“一百零八将”成功聚首梁山之后，接下来如何发展又成为新问题，遂又在宋江的带领下寻找新的出路……但是，在那样的社会背景下，能够有全新的出路吗？这就是作者施耐庵所要探寻的。所以，小说的前半部分很好处理，就是一众英雄好汉在正常社会没了出路，被迫聚义梁山。就像当年亶父带领周部族迁徙到周原那样。但是，接下来怎么办？

对于周人而言，他们最终取商人而代之。很多人说商人就是经商的人，实际上，“商人”是指商族。商朝时期，在商人的观念中只有“商人”才是“人”，他们自认为“天命降于商人”。为了让上天能够永远地保佑自己，商人会经常进行大规模的祭祀活动，祭祀当中会大量用到活人做祭品。而献祭的这些活人，来自对外战争中所俘获的其他族群的人。可见，“商文化”，只能被“商族”所接受，对于其他族群，意味着灭顶之灾。它不具备“普遍性”，是一种强烈的“特殊性”。而这种特殊性，必然会遭到其他族群的反抗。其中，周人是最主要的一支抵抗力量。在抗争的过程中，周人提出一个全新的观念，那就是“天命降于周王”，完全不同于商族的“天命降于商人”。乍一看，这似乎把天命的载体变得狭隘了，实际上，却是把“箭”射向了自己：“天命降于周王”的前提是周王心怀天命，他不仅要为周人主持正义，还要为全天下人主持正义。只有这样，才能动员所有族群推翻商朝的统治，甚至商朝的军队也因此临阵倒戈。换言之，远在那个年代，周王就已经有了“操作系统”的思维，你也可以称之为“禅”的思维、“道”的思维、“理”的思维，总之，这才是我们今天所讲的文化的源头。

施耐庵自然不懂得这么多，但是他懂得周王是得道的，取商而代之的周开创了一个全新的社会结构模式，这就是出路。然而梁山呢？为了给梁山找到一个好的出路，施耐庵一直在努力，排定座次后，三打高俅、招安、征辽、打田虎、讨王庆，直拖了三十九回，梁山好汉仍无一伤亡，但还是“找不到好的出路”。最后终于不得不无奈中承认“梁山没有出路”，在征方腊时，让梁山好汉死去十之七八，以大悲剧结束梁山的命运。那么梁山好汉能否像李逵所言：“杀将城去，夺了鸟位，让公明哥哥做皇帝，吴用哥哥做宰相，我们都做大将军。”在会晤方腊时，宋江曾说过一句令人深省的话：“每次改朝换代，都是以血流成河换来的，我不想看着我们手下的兄弟一个个倒下去。”这说明宋江不是没想过造反的这条路，其醉后在浔阳楼题下“他日若随凌云志，敢笑黄巢不丈夫”的诗句也很能证明这一点；他想方设法地把传统社会的中坚力量、“大绅士”卢俊义，以及忠良之后、朝廷命官呼延灼等拉拢到梁山，都说明他本有推翻大宋江山的心思及打算；但他却没有朱元璋一般的狠心，假借忠义，以拜把兄弟的血来铸就自己的皇位。也可以说，宋江一直不是在为自己而活着，而是为了父亲、手下兄弟、百姓平安。否则，他完全可以把队伍拉出梁山，搅个天翻地覆，到时，即使不能开进东京，众家兄弟伤亡大半，犹可以像唐末的朱温一样，受招安做大官。或者与方腊、田虎联手，打进东京，推翻赵氏江山，也不是困难的事，伤亡也不过重。但谁又保证其后不会出现楚汉之争或三国鼎足的情况？到时，其众家兄弟也将是多数血洒疆场。一山不容二虎，宋江、方腊之争是迟早的事。且中原大地一乱，契丹、西夏必趁虚而入，抢占大宋江山。

可以说，施耐庵所要刻画的宋江，是个真正纯理想主义的忠、孝、仁、义者，而不是寻常的王朝掘墓人。假如宋江做了皇帝，则原先的宋江也就等于死了。最重要的是，施耐庵知道，即便让宋江造反成功，也只是多一个朝代更替，而不能够像周取代商，或秦取代周那样，打造出全新的社会结构模式。所以，找不出新的社会治理模式的施耐庵不能让梁山起义。因为，这没意义。

但是，如果在看到吴用自缢梁山以大悲剧结束了自己的命运之后，就认为《水浒传》是一部让现实逐步粉碎理想的写实主义悲剧作品，那《水浒传》也就没有意义了。实际上，施耐庵是参加过元末张士诚起义的。

在各种有关施耐庵籍贯的说法中，都提到了一个地方——白驹场，可以肯定的是，他曾在这里长期生活过。而白驹场是古代两淮盐场之一，是张士诚的故乡，元至正十三年（1353 年），在白驹场一带，张士诚率领“十八条扁担”造反抗元。据记载，张士诚起兵后，敬慕施耐庵的文韬武略，再三邀请他为军幕，施耐庵抱着“经世济民”的想法欣然前往，为张士诚献了许多攻城夺地的计策。后跟随张士诚来到平江（即苏州），与其部将卞元亨来往密切。但张士诚居功自傲，独断专行，还曾一度投靠元朝。

张士诚的抗元活动，得到了大商人沈万三的资助。而沈万三恰恰是借助元朝开放通商的政策致富的。因此，他资助张士诚的出发点，绝对不是活不下去了来反元。事实上，即使是张士诚当中投靠元朝，沈也不离不弃，跟着他帮元朝的军队。这就说明，富起来的大商人，是有参与政治的愿望的。这倒不是要分皇上的权，而是中国士大夫“穷则独善其身，达则兼济天下”的理想传统。沈万三虽然是个商人，但他毕竟是沈约的后代，士大夫有的理想，他也有。张士诚倒了之后，他又转而资助朱元璋。明朝定都南京，沈万三“助筑都城三分之一”。但不久，他便受到朱元璋的猜忌。我老朱打下来的江山，怎么能分权给你们这些商人？据说后来他被发配充军，在云南度过了余生。

张士诚、沈万三和施耐庵，究竟哪一个才是施耐庵笔下的宋江？至于水泊梁山的一百零八条好汉，其实就是元末起义军将领们的影子。有过“革命实践”的施耐庵敏感地意识到，张士诚起义的性质不同于历史上的农民起义，因为有富甲天下的沈万三这样的人参与其中。当他的视线从陈胜吴广再向前移至周朝的时候，一个念头涌现而来：沈万三们的商业帝国，相当于周太王古公亶父的水浒，但此水浒却非彼水浒，它不再靠肥沃的土地。那么，这个水浒将来会发展出什么样的社会结构模式呢？在那个年代，他当然想不明白。想不明白，就只好按照沈万三的剧本发展下去——媾和。不幸的是，沈万三碰上一个不讲理又不听劝的朱皇上，出钱又出力，最后还是被发配。这才有了宋江最后问的那一句：难道是我错了吗？

“兴于诗”由孔子提出，但“兴”的概念早已产生。“兴”起源于古代的乐舞祭祀活动，它标志着这一活动过程中的生命感发状态，并意图凭藉这一感发的力量以沟通天人，而实现生命回归本源的目标指向。而“诗可以兴”的提法初现于《论语·阳货》里的“子曰：小子何莫学夫诗？

诗可以兴，可以观，可以群，可以怨。”朱熹《论语集注》中释“兴”为“感发志意”，得到大多数人的认可。施耐庵当然也认可。他借“水浒”典，感发自己的志意——社会需要新的结构模式。

事实上，朱熹释“兴”为“感发志意”，是从实践中总结出来的。首先，他自己就是位用诗感发志意的诗人。“胜日寻芳泗水滨，无边光景一时新。等闲识得东风面，万紫千红总是春。”泗水滨指代孔子的学问，因为南宋时期，朱熹不可能去北方的泗水滨闲逛。这首诗感发的是朱熹“理一分殊”的主张，诗中说的“东风”，寓意大家都在分享却又未被认识的那个共同的理，即宇宙法则。“万紫千红”则如同他的另外一个比喻——“月印万川”，是由同一个理分出来的各种理念，这些理念都是春，都会让人如沐春风。“半亩方塘一鉴开，天光云影共徘徊。问渠那得清如许？为有源头活水来。”这首诗还是在感发他的理学主张。他的意思是，只要讲“理”，“源头活水”自然来。反之，源头活水来不了，你就得想想自己是否讲理。今天内循环不通，供给侧引不来需求侧的源头活水，需求侧引不来供给侧的源头活水，一边捆着草，一边饿着牛，就是因为不讲理的人多啊！

而唐宋时期的诗之所以会百花齐放，是因为那个时候儒释道三家在“争夺市场”，不同理念的诗人用诗来兴他们所坚持的理。“星垂平野阔，月涌大江流”，这是杜甫的；“山随平野尽，江入大荒流”，是李白的；“江流天地外，山色有无中”，是王维的。写的都是湖北荆门一带的场景，体现的却是完全不同的情境。杜甫代表儒家，他用“垂”和“涌”字写出了儒家的积极入世；李白代表道家，他用“随”和“入”字写出了道家的自然而然；王维引禅入诗，用动衬托静，写出了禅的圆融空性。

更加有趣的例子是三首酒色财气诗。“酒色财气四堵墙，人人都往墙里藏，若能躲到墙垛外，不活百岁寿也长”，这显然是佛家的。“饮酒不醉最为高，见色不迷真英豪，世才不义切莫取，和气忍让气自消”，这是偏道家的苏轼写的。“世上无酒不成礼，人间无色路人稀，民为财富才发奋，国有朝气方生机”，这是儒家王安石写的。三个人先后在同一个地方游玩，苏轼看了佛家写的“酒色财气”诗，觉得不符合道家的主张，PK 了一首。王安石来了之后，又和苏轼叫上了劲。

所以，“兴于诗”，就是用诗感发志意，诗中的志意就是诗意。诗意的世界不同于自然科学的世界。自然科学只有一个依据颠扑不破的模式运转的世界，那模式就是自然规律，而知晓世界的唯一可靠途径就是观察。诗意的世界，有许多描述世界的不同方法，所有好的描述方法都应该互相保持一致，也应该与世界本身一致，这就是朱熹说的“理一分殊”。而诗人的目的决定了此刻最好的描述方法，这便是王阳明说的“你既来看此花，则此花颜色一时明白起来”。简单讲，科学研究向我们解释世界的本来面目，当我们开始诠释世界时，“诗意”就走上了前台。

目前为止，至少还存在三类需要诠释的世界。首先，是我们能想象到的，对世界的最深层最本质的描述——包含整个宇宙在所有微观细节上的确切情况。现代科学现在还不知道这个描述到底是什么，但我们至少可以假定这样最根本的现实是存在的。其次是那些“涌现的”描述，它们在某些有限的领域里是正确的。最后是我们的价值观：关于正确与错误、目的与责任、美丽与丑陋的概念。确定这些概念的并不像科学那样，以符合观察数据位目标。我们还有别的目标：做个好人，与其他人和谐共处，还有寻找生命的意义。

有意思的是，如果我们将《诗经》中的风雅颂与上述三类诗意的世界做个对应，会发现“风”是涌现出来的，“雅”是在讲价值观，“颂”的内容大多和敬天祭祀有关，讲的就是现代科学还不知道如何解释的那部分。

兴于诗、立于礼、成于乐，是孔子定下的顺序。把礼乐看得如此之重的孔子，为什么要把兴于诗放在第一位呢？我们之前介绍过他的困境，礼和乐好比是投到河里的石头，让人像波纹一样地推着自己一圈圈地向外，但老子批评这不符合自然之道，直到朱熹“引道入儒”才从理论上解决了用道法自然的方式“建群”。孔子不可能没有意识到这个问题，他把“兴于诗”放在首位，论语中也反复出现“诗可以兴”的案例教学。虽然没能够在理论上回应道家，实践中确实是道法自然的。带着兴的目的写诗的诗人，他的志意在千年之后的今天，还似都江堰的源头活水，助我们涌现出有序化的结构。

今天的人未必会写出那样的诗、用那样的典了，但是，“为科技注入人性”，“让每个桌面上都有一台电脑”，“点亮心中奇梦”，“我们不完美，手机不完美。我们都知道这一点，但我们想让用户满意。”这些被我们称之为 Slogan 的品牌承诺，都还是在感发志意。

工业化以我为主，重要的是让自己更强大，比拼的是肌肉；数字化使众人行，让他人伟大，你更伟大，比拼的是智慧。真正的数字化企业，一定“兴于诗”。这就是“兴于诗”的现实意义。

定义价值

我们每天都在说价值，但是，我们重视的是“价值定位”和“价值判断”，却很少有人想过给价值下个定义，“定义价值”。

笼统地讲，价值是世界的存在意义，是自然的存在意义、社会的存在意义、个人的存在意义的整合。价值的高低基于人们的评价——人类揭示价值、建构价值世界的特殊认识活动，而这种认识活动又基于价值论。问题来了，善于“分”的西方人，弄出来了四种不同版本的价值论：1. 主观主义价值论，认为价值是主观的产物，他们通常从人的情感、心灵、兴趣的角度去理解价值；2. 客观主义价值论，认为价值是实在的，他们认为价值是通过情绪的直观，在爱与恨中，在偏好选择中，显示给我们的。是在对对象的直觉中直接呈现给我们或给予我们的。3. 过程哲学价值论，它从有机体相互作用、按主体活动的目的、过程来理解价值；4. 实践哲学价值论，从实践，尤其是从实践的结果或实践的标准出发，有利于科学地把握价值的本质。

杜威的价值哲学被称为是价值哲学哥白尼式的革命。他的理念有三点：哲学必须以人类事务为研究对象；价值问题是人类生活的核心问题；哲学必须为人类提供智慧。他认为：人类行动的根本难题是价值选择；价值选择的根本难题是价值判断；因此哲学研究的核心问题是价值判断。在这个意义上哲学就是关于批判的批判，就是关于如何形成能有效指导行动的价值判断的理论。

让哲学家们去争论他们的价值论吧！我们换个方向：从物理学角度定义价值。价值论是社会科学的基础理论，物理学是自然科学，将价值论建立在自然科学的基础之上，使之具有高度的精确性、客观性和公理性，从而使价值论普遍存在的模糊性、主观性和歧义性自然而然地得到化解。

难点在于，社会是由人这个生命体构成的。关于生命机体，19 世纪存在着两种对立的发展观。一种是以物理学的热力学第二定律为依据推演出的退化观念体系，它认为，由于能量的耗散，世界万物趋于衰弱，宇宙趋于“热寂”，结构趋于消亡，无序度趋于极大值，整个世界随着时间的进程而走向死亡；另一种是生物学以达尔文的进化论为基础的进化观念体系，它指出，进化的结果是种类不断分化、演变而增多，结构不断复杂而有序，功能不断进化而强化，整个自然界和人类社会都是向着更为高级、更为有序的组织结构发展。

好在，现在我们已经明确知道，像人类这样组织严密的复杂事物的出现，在于熵和涌现。熵提供了一个时间箭头，涌现给出了一种说明方式，能解释那些可以生存和演化、并有着目标和渴望的集体结构。这意味着，并不是熵在增长，复杂有序结构也能形成；而是，正是因为熵在增长，复杂有序结构才能形成。生物机体能维持它们结构的完整性，并不违反第二定律，而正是因为有第二定律。进化论和第二定律，统一了。

每个人都知道太阳为地球上的生命提供了一项很有用的服务，就是以可见光光子的形式存在的能量。但我们从太阳得到的真正重要的东西其实是熵非常低的能量——也被成为自由能。这些能量之后被生物体使用，然后以高度退化的形式回到宇宙中。一堆光子的熵大概就是这堆光子的总数。对于从太阳接受到的每个可见光光子，地球都会向太空辐射出大概二十个红外光子，每个拥有原来大概二十分之一的能量。地球放出的能量和吸收的基本相同，但我们在将太阳辐射返还宇宙之前将它的熵提高了二十倍。想一下燃烧的蜡烛。如果我们跟踪所有蜡烛产生的光和热的话，能量总量随时间流逝会维持不变。但蜡烛不能永远燃烧下去；燃烧能维持一段时间，然后就会停止。固定在蜡烛内部的能量从一种低熵形态转变成了高熵形态，而不能变回原样。

“桑蚕到死丝方尽，蜡炬成灰泪始干”。桑蚕和蜡烛都是将固定在内部的能量从一种低熵形态转变成了高熵形态，但桑蚕涌现出来的丝是向着更高级、更有序化的结构发展。而在自然科学家看来，人类的发展过程实际上就是有序化的增长过程，人类的一切生产与消费实际上就是“负熵”的创造与消耗；在社会科学家看来，也是一样，人类的发展过程实际上就是本质力（即劳动能力或社会生产力）的增强过程，人类的一切生产与消费实际上就是“价值”的创造与消耗。然而，无论是自然科学家还是社会科学家，既不承认“负熵与价值毫不相干”，也不承认“负熵就是价值，价值就是负熵”。

不能把负熵定义为价值，是因为并不是所有熵增都会出现有序化结构。但是因为熵增，有序化才能形成，所以也就不能说“负熵与价值毫不相干”。然而，无论是物理学意义上的价值，还是社会学意义上的价值，其实质就是让系统走向有序的广义负熵所对应的能量（即广义负熵能或广义有序化能量）。任何形式的价值都可以直接或间接地折算成一定数量的有序化能量。而当价值被理解为广义负熵所对应的能量（即广义负熵能或广义有序化能量），“负熵”与“价值”就联系起来了。

例如《水浒传》和《诗经》，它们就是让系统走向有序的广义有序化能量。还有桑蚕吐出来的丝。在古代，种桑、养蚕、制丝和织绸的过程，是熵增的过程，也是有序化的过程，而丝绸在当时，就像太阳的光子，是一种自由能，为人们带来温和、宽容、关爱、安详、平静和喜悦。可见，桑蚕文化之所以作为汉文化的主体文化，正在于她完美体现了当时人们的价值观。还有玉，古人云，“玉必有工，工必有意，意必吉祥”。很明显，古人虽然不懂得熵和涌现的道理，但他们懂得工的意会为人们带来吉祥，是价值的。那么工为什么会有意呢？因为他们要对得起玉。用科学的语言来解释，玉吸收了广义有序化能量成为了有序化的存在，工有责任将玉继续作为广义有序化能量，实现能量逐级传输。

你我自身都不进行光合作用。我们的自由能并非直接来自太阳，而是来自葡萄糖以及其他糖类，还有脂肪酸。被称为线粒体的微小细胞器，作为细胞的发电站，利用固定的这些分子内的自由能将ADP转化为ATP。但我们摄入的这些糖类和脂肪酸中的自由能一开始还是通过光合作用的途径来自太阳。这就是能量逐级传输。

现在来看看比古人懂科学的那些高科技公司吧！以短视频平台为例，它们在熵增，在孜孜不倦地吸收自由能，但自身并没有有序化，否则就不会经常被曝光和点名了。它们输出的短视频，是短视的频，人们可以与短视频同频而获得一时的快乐，却不会有共振，没有共振，就不会涌现出意义，对有序化的贡献值为零。这样一来，很明显，它们就像个吸能量的怪兽，从环境中汲取有序化能量，却阻断了能量逐级传输，难怪他们喜欢自称为“独角兽”。也像当年的煤老板，这些人同样吸收了大量的自由能，却没有贡献自由能，活得还不如他们挖出来的煤。

自然生态要山清水秀，文化生态也要山清水秀；自然生态是金山银山，文化生态也是金山银山。被煤老板们破坏的自然生态，还可以植树造林恢复过来；被抖什么破坏的文化生态，又有谁来“植树造林”呢？除了短视频平台，其他互联网平台，也大抵如此。春蚕吸进去的是光，吐出来的是丝；互联网平台吸进去的是什么？吐出来的又是什么？

驱动创新

创新（Innovation）源于拉丁语，至少包括三层含义：一是更新，二是创造新的东西，三是改变。1912年熊彼特首次将创新引入经济领域。他以“创新理论”解释资本主义的本质特征，解释资本主义发生、发展和趋于灭亡的结局，从而闻名于经济学界，影响颇大。“创新理论”的最大特色，就是强调生产技术的革新和生产方法的变革在经济发展过程中的至高无上的作用，认为“有价值的竞争，不是价格竞争，而是新技术、新产品、新供应来源、新组织形式的竞争，也就是占有成本上或质量上决定性优势的竞争，这种竞争打击的不是现有企业的利润边际和产量，而是它们的基础和它们的生命。这种竞争比其他竞争有大得多的效率，犹如炮轰和徒手攻击的比较。”这就是著名的“创造性毁灭”理论。第二次世界大战后，许多著名的经济学家也研究和发展了创新理论，20 世纪 70 年代以来，门施、弗里曼、克拉克等用现代统计方法验证熊彼特的观点，并进一步发展创新理论，被称为“新熊彼特主义”和“泛熊彼特主义”。

进入 21 世纪，信息技术推动下知识社会的形成及其对创新的影响进一步被认识，科学界进一步反思对技术创新的认识，创新被认为是各创新主体、创新要素交互复杂作用下的一种复杂涌现现象，是创新生态下技术进步与应用创新的创新双螺旋结构共同演进的产物，关注价值实现、关注用户参与的以人为本的 2.0 创新模式也成为新世纪对创新重新认识的探索和实践，其目标不再是“创造性毁灭”，而是“创造性包容”。

有人认为中国人创新能力不足，罪魁祸首是中国的传统文化。对于“创造性毁灭”式的 1.0 创新，中国历史上确实未曾出现过，但是“创造性包容”的 2.0 创新，中国人是有天赋的。范蠡创办的“企业”基业未能长青，都江堰却是实证。

即使是唐宋诗人写的诗，也是 2.0 创新。一首好诗，体现了“各创新主体、创新要素交互复杂作用下的一种复杂涌现现象”，“是创新生态下技术进步与应用创新的创新双螺旋结构共同演进的产物”，并且是“关注价值实现、关注用户参与的以人为本”。诗中的复杂涌现现象大家都有过体验，为什么说写诗也有技术进步与应用创新呢？“沈佺用事不使人觉，若胸臆语也”，就是技术进步，《水浒传》便是应用创新。至于“关注价值实现、关注用户参与的以人为本”，我们以苏东坡和王安石的“酒色财气”诗为例。他俩有各自坚守的以人为本的“理”，以诗言志来传递他们的价值理念，便是价值实现——他们的诗虽未曾实现商业价值，却以人们的精神生活为本，为人们的精神生活赋能，也因此为社会注入了广义有序化能量。用户参与体现在诗的起承转合的结构，从“常”起，将你一步步地代入，最后产生共鸣，就仿佛一根细细的、直直的线穿过戒指的环中，戒指便通了电绕着直线转动起来——从宏观之门跳入量子领域，形成“无穷大与无限小的无尽交流”。把无穷大和无限小全都调动了起来，便是最极致的“各创新主体、创新要素交互复杂作用下的复杂涌现现象”。

诗人们很简单，他们就是为了让你“玩味”而已。今天的人们说创意是门挑逗的艺术，但中国古代的诗人，不仅用创意，还用他们的诚意在挑逗你，让你玩味。玩手机是玩，玩味也是玩，都是用户参与下的体验。但诗人们不仅让你玩味，还会让你回味。回味无穷，便是“无穷大与无限小的无尽交流”，是最有高级感的用户体验。但让你回味的却只有一个点而已，诗人们称之为“几”。就像施耐庵的小说，整本小说打打杀杀，而当你搞清楚了“水浒”这个“几”，便回味无穷。这叫“触几相契”，因契而容。

德国具有最顶级的工业设计能力，德国的工业设计师信仰“极简”，他们认为“极简是一种精神，并不容易实现”（Einfach ist nicht einfach）。意思是说：我们需要将自己的头脑变得尽可能的简单，才能够看清楚眼前什么是没有意义的诱惑。必须放弃，从而将有限的时间与精力专注于真正有意义的事情，并将其做到极致。这个明智的建议不是德国设计师发明的，而是出自伟大的德国物理学家爱因斯坦，他在给德国柏林大学和美国普林斯顿大学的学生上课时不断提起这句话。为什么是爱因斯坦给出了“极简”的建议呢？在他超越时空的相对论中，人就是“几”的存在。你在设计的时候回到了“几”，人们在体验的时候就会“触几”。乔布斯深受德国极简设计理念的影响，让苹果公司东山再起的 iMac G3、G4、G5 系列，与德国博朗 1954 年出品的 SK4 电唱机（白雪公主的棺材）和一对音箱，就有着深远的关联。而宝马推出的“量子蓝”，可谓极简到极致，还有什么能比量子更“几”呢？

“司马光砸缸”也是创新。不久前央视二台《经济大讲堂》上，有位国务院参事讲创新，他说现在要重视“逆向创新”，并以“司马光砸缸”为例，说明什么是逆向创新。相对于让人离水，让水离人确实是逆向思维。但是逆向思维不等于“逆向创新”，包括 1.0 创新在内的任何一项创新，都离不开逆向思维。然而，司马光的逆向思维却并非创造性毁灭了一个缸，而是创造性包容了一群小伙伴——幸福的人用童年治愈一生，不幸的人用一生治愈童年。创新驱动发展，什么驱动创新？这是个关乎“中国的长远发展”的大问题，必须搞清楚。

比起其他小孩，司马光读的圣贤书更多，“仁者爱人”和“井有仁焉”之间的矛盾，在他心中播种了“几”，让他有了问题意识，问题意识带来的改变的目标，让他有意识和下意识地收集与之相关的信息并思考，由此演化出来的应激模型，让他有高人一等的应激能力。

有应激能力并不意味着就能创新，因为创新不同于创造，它是一种强涌现现象。强涌现遵循“反者道之动，弱者道之用”的规则，即要“存在跨越长距离的效应”。是否存在跨越长距离的效应，关键在于“诚”。正是因为司马光守正，对仁足够得诚，在“反”的刺激下，才会“动”。“弱”是什么呢？是远离平衡态。例如草履虫，正常状态下其细胞膜内外保持 -40mV 浓度差，这样一旦动起来，浓度低的那一边刚好用得上，海量的离子整体行动，涌现出让草履虫向反方向游动的电信号。缸和井相比，缸远离平衡态，有“弱”点，可以被利用。创新就这样生于无了。

以“酒色财气诗”为例，三位诗人都以诗言志，传递他们所坚信的理。当苏轼看到和尚写的诗之后，他发现和自己诚于的理念反了，便抓住“弱”发表自己的主张，这个“弱”就来自和尚诗中的那个“躲”字——相对于“躲”，“高”和“豪”远离平衡态。王安石来了之后，也是一样，苏轼的主张和他坚守的理念反了，而“发奋”和“生机”比起苏轼诗中的“莫取”和“自消”，显然与平衡态相距更远。其实，还有第四首酒色财气诗，是宋神宗写的，但我记不下来了，因为没有理念的诗，得靠脑子记，有理念的诗，用心记，容易记，也记得牢。还可以再想想，假如朱熹来了，他又会如何针对王安石的“发奋”和“生机”做文章呢？再比如李白、杜甫和王维，他们为何扎堆去荆门写诗呢？这是因为，“千沟万壑赴荆门”，荆门那儿远离平衡态，好被诗人们用来创新诗作，传递他们的价值主张。

中国历史上曾经涌现的创新活力，根本就不比现在的美国差。事实上，与其说乔布斯在创新，不如说他是在用科技写诗，因为他本来就是“科技的游吟诗人”的传人。中学时期接受的理念一直在他心中演化，并成为他一辈子矢志不渝的信念。危机面前他的那句诗一样的话，便是借助于“弱”——所有手机厂商、甚至是所有人的共同弱点，强涌现出来的。盖茨的创新也是一样，他有他坚持的理念，只不过，他更绝。他反的是 IBM 不讲理，用的还是 IBM 不讲理。

用上述原理，你也能分析范蠡是如何守正创新的，并收获一份惊喜：他居然集乔布斯与盖茨之大成。到底是未来决定过去，还是过去决定未来呢？理念的世界里，本就无所谓过去和未来。理念驱动的创新，是实践的唯物主义，是实践活动作为一个感性的发展过程从一种形态向另一种更高形态的转变，它立足于人的自由自觉的生命活动，不断追求更高级的自由状态。实践是检验真理的唯一标准，实践也是真情涌现的无尽源泉。

目前为止，已经有多位诺贝尔奖获得者声称他们的创新灵感来自中国的古诗或者古书。他们从我们的古诗、古书中学到的，不是别的，而是理念！理念好比美女，让众里寻她的人深深爱上了她。而作为某一领域的科学家，他们对领域内远离平衡态的方面了然于胸，缺的是“反”。有了理念后，他们的诚“动”了起来、“通”了起来，便有了“反”，灵感随之喷涌而出。那么，假如让国内的某些科研人员突击几个月学学古诗、古书，他们能否创新呢？

诚驱动创新，但不是说要回到“精诚所至，金石为开”的年代，因为“反”作为体固然关键，“弱”作为用也很重要，即，远离平衡态的条件必不可少。想象一下，如果没有太阳，整个天空会像现在的黑夜那样。在地球上，我们会很快达到平衡态，温度变得与夜空一样冰冷，绝大多数生命会逐渐停滞。但是，现在再想象一下，我们周围都是太阳，又会怎样？地球也会很快达到平衡态，但温度也会变成太阳表面的高温。对生命来说，最重要的就是与平衡态相去甚远。

然而，就连草履虫都懂得有必要保持内外的浓度差远离平衡态，今天有的人却偏偏不懂。例如人往高处走，本来说的是人的意识往高处走，让人尽可能地远离平衡态，现在变成了人的位置往高处走。位置高了，屁股就坐稳了。然而，人之所以从动物进化为直立行走的人，是为了远离平衡态，你却非要把位置坐稳，把自己拉向平衡态。游山玩水的时候我们会发现，道家修炼的地方都在悬崖峭壁上，这就是为了远离平衡态。散步比坐着更容易冒出灵感，也是一样的道理。

钱学森曾经发问："为什么我们的学校总是培养不出杰出的人才？"其实，作为过来人，他很清楚问题出在了哪里。有人质疑他于上世纪五十年代提出的亩产万斤论，却不知亩产万斤论正是他的批判性思维的产物。在他看来，农业生产的最终极限决定于每年单位面积上的太阳光能，如果把这个光能换算成农产品，要比现在的丰产量高出很多倍，所以我们的生产还远远没有碰顶。临终闭上眼的那一刻，钱老留下了七个字：中国的长远发展。其心之诚，日月可鉴。

除了科学家，还有企业家。以承担社会责任为使命的新商业文明已经出现，"企业最终是社会的"，是运鸿集团秉持的理念。振兴中的中国乡村远离平衡态，恢复中的绿水青山远离平衡态，忙碌中的人们身心健康远离平衡态，发展中的数字经济远离平衡态，运鸿有味生活和运鸿肽家园，在守正中涌现而来。有味生活的味，是"原味"。不仅有原生肽的味，还有原生文化的味。其实是一个味，都是"用生命守护生命"的味。原味觉醒的时代，有味生活，帮你归味。

还有这样一位企业家，他心无旁骛，"专注一片透明"，将玻璃做成了文化。他就是福耀玻璃董事长曹德旺。眼下，七十多高龄的曹董事长正带领福耀玻璃向移动出行第三空间进发，要将文化做成玻璃。虽然人工智能驾驶不完全靠谱，但是在高速公路上替代人工驾驶，还是有意义的，也可以实现。高速上车改由机器驾驶之后，挡风玻璃的功能就要发生变化——可以成为一块屏幕。这个时候，专注一片透明的福耀玻璃，可以利用汽车厂商各自为战的弱点，在它们当中搞"串联"，搭建一个具有公共精神的内容服务平台，将多元的文化合一到玻璃上。"人心惟危，道心惟微，惟精惟一，允执阙中。"精是专注，一是合一，专注与合一，就这样辩证统一了。

自然世界向我们赋予了生命这一原料，我们必须努力理解它，接受相应的结果。从描述转向原则，从谈论发生的事情转到对什么事情理应发生的价值判断，这是一种创造性的举动。世界还是那个世界，依照自然的模式运转，没有任何价值判断的属性。世界就这样存在着，但善与美是我们的创造。从对玻璃的描述转向“专注一片透明”的原则，将底层的物理世界与日常经历的现实联系起来，在一个全然物理的世界里寻找意义和目的，这是福耀玻璃数字化转型之道。数字产业化，是诗意的；产业数字化，是物理的。数字产业化“高举主义的大旗”，产业数字化“从解决问题入手”。

聆听自己

新兴的诗性自然主义哲学，其任务是用现代物理学原理描绘一张丰富而细腻的图景，展示我们日常经历中的方方面面如何调和一致。它是自然主义道路的延伸，是在自然主义之上加入诗性的描绘，以描述自然主义所不能描述的那些叙事。诗意数字生活的哲学基础是诗性自然主义。追求诗意数字生活的人，以诗意为“内圣”，以数字生活为“外王”。数字生活的复杂度以诗意作为其内在的基奠，诗意以儒家的价值理念为魂，以道家的自然哲学为骨。而道与现代物理学相容，所以，诗意以儒为魂，以现代物理学为骨，通过数字生活彰显于外。西方社会的新商业实践已经为我们带来了诗意数字生活的感性认识。“这种感性认识的材料积累多了，就会产生一个飞跃，变成了理性认识”。“等闲识得东风面，万紫千红总是春”，朱熹就是这么自信，这是“对本自具足的信”。那么禅在哪里呢？禅似以手指月，得月忘指。

100年前的清华校歌中出现了一个词，叫“无问西东”。但清华最早的校歌由一位美籍女士所作。对于那首校歌，当时清华学校的学生、未来的哲学家贺麟认为，该校歌不能代表清华精神与中国文化的精神，只是幼稚美国化的代表，而非其精髓。之后新鲜出炉的中文校歌，颇受好评。有人评论道：“‘西山苍苍，东海茫茫！’新歌攸扬，吾闻之而志舒，吾闻之而心怡。”歌词如下：

西山苍苍，东海茫茫，吾校庄严，岿然中央。东西文化，荟萃一堂，大同爰跻，祖国以光。莘莘学子来远方，莘莘学子来远方。春风化雨乐未央，行健不息须自强。自强，自强，行健不息须自强！自强，自强，行健不息须自强！

左图右史，邺架巍巍，致知穷理，学古探微。新旧合冶，殊途同归，肴核仁义，闻道日肥。服膺守善心无违，服膺守善心无违。海能卑下众水归，学问笃实生光辉。光辉，光辉，学问笃实生光辉！光辉，光辉，学问笃实生光辉！

器识为先，文艺其从，立德立言，无问西东。孰绍介是，吾校之功，同仁一视，泱泱大风。水木清华众秀钟，水木清华众秀钟。万悃如一矢以忠，赫赫吾校名无穷。无穷，无穷，赫赫吾校名无穷！无穷，无穷，赫赫吾校名无穷！

新校歌有三点特质：首先，格局宏大，眼光独到。新校歌以学术救国为清华己任，并结合清华特点与世界潮流，提出“融合东西文化”的目标定位，对固有文化和外来文化持一种兼容并蓄、平等视之的立场。其次，用典雅致，寄望殷殷。例如“大同”出自《礼记》，寄寓极乐世界理想；“自强”“行健”出自《周易》，契合校训；“春风化雨”出自《孟子》，以孔孟教学期许师生之间情感融洽。再次，理念先进，意义隽永。

例如以“致知穷理，学古探微”揽括科学、文学和哲学各类学科，寓意并行不悖，任人选择，体现自由教育之风；以“器识为先，文艺其从”教诲学生注重内在德性修养，切勿只恃外在技艺和小聪明，造成本末倒置。凡上种种理念，对于今天努力要建设世界一流大学的清华人，苦恼于精致利己主义盛行的教育者，或许不无启发意义呢！

之所以写上清华校歌这一段，不是说校歌要走复古风。而是想再次说明一个道理：百年前的中国，致力于救国图存，这样的文风，显然与时代主旋律很不协调，因为当时的首要任务是将农耕文明的脑子换成工业文明的脑子，否则得继续挨打。但是今天，又到了换脑子的时候，用工业化的脑子干数字化，同样是不行的，相当于当时用农业化的脑子干工业化。美国人中的一部分，进化出了我们曾经有过的“脑子”，创造了诗意数字生活。于我们而言，倒骑青牛的老子，在那儿看着我们；钱学森的忧虑，在心中激荡着我们；中华文明伟大复兴的梦想，在前方引领着我们。我们与平衡态相去甚远，创新的条件具足，所缺者，唯一个“诚”字。

“鼓足干劲，力争上游，多快好省”，这是当年的总路线。在《人的正确思想是从哪里来的？》这篇文章中，毛主席写到：“在社会斗争中，代表先进阶级的势力，有时候有些失败，并不是因为思想不正确，而是因为在斗争力量的对比上，先进势力这一方，暂时还不如反动势力那一方，所以暂时失败了，但是以后总有一天会要成功的。”伟人期盼的那一天，已经来到！鼓足干劲，理念先行；力争上游，即远离平衡态。当年“反”和“弱”都不缺，没能创新出“多快好省”，是因为“先进势力这一方，暂时还不如反动势力那一方”。今天，先进势力的这一方拥有了先进生产力，走群众路线的力争上游不再靠屁股指挥脑袋的官僚去推动。需要的是鼓足干劲。只有理念先行，才能鼓足干劲。这个理念，由新发展理念统摄，却要“理一分殊”。因为思想像太阳，照到哪里都能亮；理念像月亮，一月普现一切水，一切水月一月摄。这就带来一个问题：上善若水，如果我们不能像水一样的活着，月印万川，就不可能了。

生命短暂，意义永恒。生命终会终结，这正是它特殊之处的一部分。正如与我们共生的菌，无时无刻不在终结自己的生命，但它们又时时刻刻、一个跟着一个地帮助着它们的共生体。菌的世界里，菌之所以为菌，是因为你的缘故。你和菌需要彼此，才能成为真正的你。你不好，菌就不会好；菌不好，你也不会好。所以，菌承担起一种责任，通过加入你这个整体，去克服共同面临的困难和威胁。同样，我之为我，不在于我身与人有别，而在于我心与人有同，己心他心相感相通，才是我们的力量和生存的关键所在。

能够让心相感相通的，只能是意义。我们对世界感兴趣，这种包含在我们心中的关怀，就是任何“意义”的唯一来源。而无论什么时候我们自问某件事是否有意义，答案必须来自这件事对于某个人或者某些人有没有意义，他和她的意义，就是你的意义。生命的特征是运动和改变，这些特征在人类中以各种渴望的形式体现。从吃顿好饭到帮助他人，还有创造动人的艺术作品。正是这些渴望塑造了我们，让我们关心自身，关心他人。但我们不是这些渴望的奴隶；我们能反思有自觉，还能决定我们到底应该关心什么，甚至能在我们的关怀下让世界变得更好——如果我们选择去做的话。

当我们看着这个世界，给它附加上价值，这是一项成就，我们应当为之自豪，正如我们的先辈曾经做过的那样。而只要愿意，我们总能进步，进步并非来自想象中所谓道德和科学的发现，而是来自对自身更诚实更严谨的考量。“天地之道，可一言而尽也。其为物不贰，则其生物不测”。